# 第三部分　唐　宋

全国旅游高等院校
精品课程系列教材

Zhonghua Jingdian Songdu

# 中华经典诵读

主编◎朱 丽 李 伟

中国旅游出版社

# 编委会名单

**主　任**

王海平（南京旅游职业学院党委书记）

周春林（南京旅游职业学院党委副书记、校长）

**副主任**

田寅生（南京旅游职业学院纪委书记）

黄　斌（南京旅游职业学院党委副书记、副校长）

冯　明（南京旅游职业学院副校长）

操　阳（南京旅游职业学院副校长）

**委　员**

方法林（南京旅游职业学院 教务处处长、教授）

匡家庆（南京旅游职业学院 酒店管理学院院长、教授）

孙　斐（南京旅游职业学院 旅游管理学院院长、副教授）

曹娅丽（南京旅游职业学院 人文艺术系主任、教授）

邵　华（南京旅游职业学院 国际旅游系主任、副教授）

吕新河（南京旅游职业学院 烹饪与营养学院副院长、副教授）

朱　丽（南京旅游职业学院 基础部副主任、副教授）

顾至欣（南京旅游职业学院 教务处副处长、副教授）

# 《中华经典诵读》编写组

| 胡爱英 | 先秦部分 |
| 李 伟 | 秦汉魏晋南北朝部分 |
| 王丽娜 杜 娟 | 唐宋部分 |
| 王爱荣 | 元明清部分 |
| 朱 丽 | 现当代部分 |

# 序 言

　　随着全域旅游时代的到来，旅游日益成为当代社会经济发展的重要动力和人类休闲生活的主要方式，旅游业以其强劲的势头成为全球经济产业中最具活力的"朝阳产业"。随着社会生产力不断发展，人们生活水平的迅速提高和带薪假期的增加，旅游业将持续高速度发展，成为世界最重要的经济产业之一。

　　旅游职业教育是以服务为宗旨，以就业为导向，以促进地方经济发展为重点的教育类型。近年来，旅游业与农业、工业及第三产业中的其他行业深度融合，新业态层出不穷；各种现代新技术、新理念、新模式、新机制的应用，为解决旅游业面临的重大问题注入了新的活力，也为旅游职业教育提出了新的挑战。面对旅游业日新月异的发展，面对产业融合和信息技术快速提升，旅游院校必须加快推动教育综合改革，紧贴行业办学，紧贴需求育人，进一步提升人才培养适用性，更好地适应旅游业深化改革发展的需求。

　　为了进一步提升旅游专业学生和行业从业人员的人文素养、职业道德、职业技能和可持续发展能力，培养适应旅游产业发展需求的高素质技术技能和管理服务人才，南京旅游职业学院与校企合作单位共同编写了这套旅游职业教育精品系列教材。这套系列教材的编写旨在贯彻落实党中央、国务院的决策部署，服务"四个全面"战略布局，以服务旅游业发展为宗旨，以促进旅游就业创业为导向，具有针对性和实用性，利于学生综合素质与职业能力的提升。这套系列教材由旅游通识教育系列和旅游专业教育系列两部分组成，包括《旅游高职思想政治理论课案例与实践教学指导》《中华经典诵读》《礼仪文化》《民航服务心理学》《形体训练》《烹饪英语》《前厅服务与管理》《调酒与酒吧服务实训》《中国旅游地理》《主题公园经营管理》《酒店工程管理》《酒店信息智能化》《南京景点日语导游实务教程》等教材，是南京旅游职业学院在教学改革方面的最新成果。

本套丛书是集体智慧的结晶，尽管编写过程中我们力图全面反映旅游专业知识和旅游行业发展的最新成果和趋势，使教材既便于教师教学也能促进学生自主学习，但我们的经验和学识有限，教材中难免有瑕疵，敬请读者批评指正。

教材编委会

2017 年 11 月 20 日

# 目 录
## CONTENTS

# 第一部分　先　秦

# 论 语

　　《论语》是我国春秋时期一部语录体散文集，主要记录了孔子及其弟子的言行。它较为集中地反映了孔子的思想。由孔子弟子及再传弟子编纂而成。全书共20篇、492章，首创"语录体"。东汉列为"七经"之一，（七经:《诗》《书》《礼》《易》《春秋》《论语》《孝经》)。南宋时，朱熹将它与《孟子》《大学》《中庸》合称为"四书"。

　　子曰："知者乐水①，仁者乐山；知者动，仁者静；知者乐，仁者寿。"

——《论语·雍也》

## 【注释】

　　①乐（yuè）：喜好，喜爱。

## 【赏析】

　　以山水形容仁者智者，形象生动而又深刻。智者就是聪明人。聪明人通达事理，反应敏捷而又思想活跃，性情好动就像水不停地流一样，所以以水作比。仁者即指仁厚的人。仁厚的人安于义理，仁慈宽容而不易冲动，性情就像山一样稳重不迁，所以以山作比。不过，如果问一般人乐水还是乐山，所得的回答多半是山水都乐。因为"水是眼波横，山是眉峰聚。欲问行人去哪边，眉眼盈盈处"（王观）。山水各有千秋，仁智都是我们的追求，即使力不能及，也要 心向往之。

　　子曰："弟子①入②则孝，出③则弟④，谨⑤而信⑥，泛爱众亲仁⑦。行有余力，则以学文。"

——《论语·学而》

## 【注释】

①弟子：指学生或年纪幼小的人。

②入：指"入父宫"，即到父母的房间里去，泛指在家里。

③出：指"出己宫"，即走出自己的房间与兄弟相处。

④弟：即悌，尊敬兄长。

⑤谨：做事踏实，有始有终，谨慎可靠。

⑥信：说话诚恳，言出必行。

⑦亲仁：亲近有仁德的人。

## 【赏析】

儒家强调孩子教育首先是做人的品德修养，其次才谈得上学习文化知识。德育第一，智育第二，这两者的关系是非常明确的。换句话说，如果你要学习文化知识，精通学问之道，也只有从做人的体会、人生的经验入手，才能够学有所成，学以致用，而不会成为读死书的书呆子。这也就是"世事洞明皆学问，人情练达即文章"（《红楼梦》第四回）的道理所在。可见，不论是德育第一，智育第二的教育方针，还是在各级各类学校开设"德育"公共课，设专职"德育教授"，都是持之有故，继承着儒教传统的。

> 子曰："父母在，不远游。游必有方。"
>
> ——《论语·里仁》

## 【赏析】

在当今天涯若比邻，从南疆到北国飞机可当天来回，手机、网络覆盖全球，随时可以与家人联系的时代，"父母在，不远游"似乎已成了荒唐可笑的言论。

然而，古人交通不便，音讯难通，游子远游在外，少说也是一年半载，万一父母急病或紧迫有事，难以召回，往往误了大事，甚至有错过了给父母送终的遗憾。所以，"父母在，不远游"并不是无稽之谈，而是要求做子女的时时不忘孝敬父母的义务，在安排自己的活动时要考虑到父母在家的实际情况，加以合理地调整。

何况，即使在当今时代，离家远游的人不也音讯常通，隔几日即通电话、视频吗？之所以如此，不外乎是为了使家里人释念放心而已。可见，对父母家人之爱是古今人之常情。

但是"游必有方"在今天还是有现实意义的。

　　子曰："饭疏食<sup>①</sup>，饮水<sup>②</sup>，曲肱<sup>③</sup>而枕<sup>④</sup>之，乐亦在其中矣。不义而富且贵，于我如浮云。"

——《论语·里仁》

## 【注释】

①饭：这里作动词用，指吃饭。疏食：粗粮。
②水：古代以"汤"和"水"对举。"汤"指热水，"水"就是冷水。
③肱（gōng）：上臂，这用泛指胳膊。
④枕：用作动词。

## 【赏析】

　　孔子说："吃粗粮，喝冷水，弯过手臂当枕头，也自有快乐在其中。不仁义的富有和尊贵，对于我来说，就像天边飘浮的云一样。"这一段是孔夫子安贫乐道的著名表述。

　　钱财如粪土，富贵如浮云。正因为有了这样的认识，才能够做到吃粗茶淡饭而乐在其中，闲居而"申申如也，夭夭如也。"具有旷达乐观的个人生活情怀。

　　当然，对于我们所处的时代来说，这种认识已受到了相当强烈的冲击。虽然人们也常说"钱是身外之物，生不带来死不带去"，但多少都有一些勉强的成分在内，甚至有"狐狸吃不到葡萄说葡萄酸"的嫌疑。时代氛围如此，不是个人所能抗衡的。所以，与其说"钱财如粪土，富贵如浮云"，不如说"君子爱财，取之有道"更真实自然，更符合我们这个时代的特色。

　　哀公问："弟子孰为好学？"孔子对曰："有颜回者好学，不迁怒<sup>①</sup>，不贰过<sup>②</sup>。不幸短命死矣！今也则亡<sup>③</sup>，未闻好学者也。"

——《论语·雍也》

## 【注释】

①不迁怒：不把对此人的怒气发泄到别人身上。
②不贰过："贰"是重复、一再的意思。不重复犯同样的错误。

③亡：同"无"。

## 【赏析】

本章孔子极为称赞他的得意门生颜回，认为他好学上进，自颜回死后，已经没有如此好学的人了。值得我们注意的是，在孔子对颜回好学的评价中，并没有说他文学如何了得，历史如何了得，语言如何了得，而是强调说他"不迁怒，不贰过"，既不迁怒于人，又不重复犯同样的错误。这在我们看来，完全是品德问题，而不是什么好不好学的问题。这又一次说明，在圣人门下，学习绝不仅仅是指书本知识、文化知识，而是包括"德育"的内容在内，所谓"进德修业"，在儒学里，都是属于"学"的范畴。

## 【诵读链接】

曲阜孔庙，位于曲阜市中心鼓楼西侧 300 米处，是祭祀中国古代著名思想家和教育家孔子的祠庙。始建于鲁哀公十七年（公元前 478 年），历代增修扩建，与相邻的孔府、城北的孔林合称"三孔"。它是一组具有东方建筑特色、规模宏大、气势雄伟的古代建筑群。

曲阜孔庙又称"阙里至圣庙"，与南京夫子庙、北京孔庙和吉林文庙并称为中国四大文庙。孔庙始建于公元前 478 年，以孔子故居为庙，岁时奉祀。西汉以来历代帝王不断给孔子加封谥号，孔庙的规模也越来越大，成为全国最大的孔庙。现存的建筑群绝大部分是明、清两代完成的，占地 21.8 万平方千米，前后九进院落。庙内有殿堂、坛阁和门坊等 464 间。四周围以红墙，四角配以角楼，是仿北京故宫样式修建的。1961 年国务院把"三孔"列为全国重点文物保护单位。1994 年被联合国教科文组织列为"世界文化遗产"。

# 庄子·逍遥游

《庄子》，亦称《南华经》，道家经典之一，为庄周及其后学的著作集。庄子，战国思想家、哲学家。名周，宋国蒙人（今安徽蒙城县人，一说今河南商丘东北）。与梁惠王、齐宣王同时。《汉书·艺文志》著录《庄子》五十二篇，但留下来的只有三十三篇。其中内篇七篇，一般定为庄子著；外篇杂篇可能掺杂有他的门人和后来道家的作品。

《庄子》在哲学、文学上都有较高研究价值。名篇有《逍遥游》《齐物论》《养生主》，《养生主》中的"庖丁解牛"尤为后世传诵。

　　北冥有鱼①，其名为鲲②。鲲之大，不知其几千里也。化而为鸟，其名为鹏③。鹏之背，不知其几千里也；怒而飞④，其翼若垂天之云⑤。是鸟也，海运则将徙于南冥⑥。南冥者，天池也。

　　《齐谐》⑦者，志怪者也。《谐》之言曰："鹏之徙于南冥也，水击三千里⑧，抟扶摇而上者九万里⑨；去以六月息者也⑩。"野马也⑪，尘埃也，生物之以息相吹也⑫。天之苍苍⑬，其正色⑭邪？其远而无所至极邪？其视下也⑮，亦若是则已矣。

## 【注释】

①冥：同"溟"，海。

②鲲：大鱼名。一说作"鲸"。

③鹏：飞禽名。一说此为古代的"凤"字。

④怒而飞：奋翅飞翔。

⑤垂天之云：垂在天边的云彩。垂：同"陲"，边际。

⑥海运则将徙于南冥：海动风大，大鹏借风力迁往南海。

⑦《齐谐》：一般认为是古书名。

⑧水击：以翅击水。

⑨抟（tuán）：聚集。扶摇：回旋上升的大风，即羊角风。

⑩息：气息，这里指风。

⑪野马：指浮游的云雾。

⑫生物：指"野马"和"尘埃"。以息相吹：被气息、风力吹动飘荡。

⑬苍苍：深蓝色。

⑭正色：本来的颜色。

⑮视下：鸟瞰大地。

## 【赏析】

　　《逍遥游》是《庄子》的第一篇，它的主题是表达人应当不受任何束缚，自由自在地活动。这实际上反映了庄子要求超越时间和空间，摆脱客观现实的影响和制约，忘掉一切，在主观幻想中实现"逍遥"的人生观。《逍遥游》很能代表庄子的哲学思想，同时也体现出其散文的文学风格和成就。这里所选的并非《逍遥游》全篇，只是节录了开头的一部分，但这部分已经可以反映全篇的风格和成就。

开头一段作者大笔挥洒，以描写神奇莫测的巨鲲大鹏开端，一开始就向我们展示了一幅雄奇壮丽的画卷：北方深海之中，有一条"不知其几千里"长的巨鲲。这条鱼的巨大，已经够令人惊奇的了，而它竟又变化为一只大鹏，这怎不令人感到神奇万分呢？这只神奇的大鸟岂止是大，还要腾空而起，乘海风作万里之游，由北海直飞南海天池。经过这样一系列的描写、形容和打比方，无形中联系了普通人的生活经验，调动了人们的联想和想象，把作者心目中那种为一般人难于理解和想象的高远哲学境界，变得易于理解和想象了。

# 道德经

《道德经》又称《老子》，是中国古代先秦诸子分家前的一部著作，为其时诸子所共仰，传说是春秋时期的老子李耳所撰写，是道家哲学思想的重要来源。道德经分上下两篇，原文上篇《德经》、下篇《道经》，不分章，后改为《道经》在前，《德经》在后，并分为 81 章，全文共约 5000 字，是中国历史上首部完整的哲学著作。

曲则全，枉①则直，洼则盈，敝②则新，少则得，多则惑。是以圣人抱一③为天下式④。不自见⑤，故明⑥；不自是，故彰，不自伐⑦，故有功；不自矜，故长。夫唯不争，故天下莫能与之争。古之所谓"曲则全"者，岂虚言哉？诚全而归之。

【注释】

①枉：屈、弯曲。

②敝：凋敝。

③抱一：抱，守。一：即道。此意为守道。

④式：法式，范式。

⑤见（xiàn）：同"现"。

⑥明：彰明。

⑦伐：夸。

## 【赏析】

本章一开头，老子用了六句古代成语，讲述事物由正面向反面变化所包含的辩证法思想，即委曲和保全、弓屈和伸直、不满和盈溢、陈旧和新生、缺少和获得、贪多和迷惑。老子认为，事物常在对立的关系中产生，人们对事物的两端都应当观察，从正面去透视负面的状况，对于负面的把握，更能显现出正面的内涵。事实上，正面与负面，并非截然不同的东西，而是经常储存的关系。普通人只知道贪图眼前的利益，急功近利，这未必是好事。老子告诫人们，要开阔视野，要虚怀若谷，坚定地朝着自己的目标前进。但是如果不考虑客观情况，一味蛮干，其结果只能适得其反。普通人所看到的只是事物的表象，看不到事物实质。老子从自己丰富的生活经验中总结出带有智慧的思想，给人们以深深的启迪。生活在现实社会的人们，不可能做任何事情都一帆风顺，极有可能遇到各种困难，在这种情况下，老子告诉人们，可以先采取退让的办法，等待，静观以待变，然后再采取行动，从而达到自己的目标。

　　为无为，事无事，味无味①。大小多少②。报怨以德③。图难于其易，为大于其细；天下难事，必作于易；天下大事，必作于细。是以圣人终不为大④，故能成其大。夫轻诺必寡信⑤，多易必多难⑥。是以圣人犹难之，故终无难矣。

## 【注释】

①为无为，事无事，味无味：以无为的态度去有所作为，以不滋事的方法去处理事物，把恬淡无味当作有味。
②大小多少：大生于小，多起于少。另一解释是"大其小，多其少"，把小的看作大，少的看作多。
③报怨以德：不论别人对自己的怨恨有多大，都要用清静无为的道德来应对。
④不为大：是说有道的人不自以为大，不希图做丰功伟业。
⑤轻诺必寡信：如果一个人轻易发出许诺，一定不会有很高的信誉。
⑥多易必多难：轻率对人、轻率做事的，必然遭受众多挫折。

## 【赏析】

老子理想中的"圣人"对待天下，都是持"无为"的态度，也就是顺应自然的规律去"为"，所以叫"为无为"。把这个道理推及到人类社会的通常事务，就是要以"无事"的态度去办事。因此，所谓"无事"，就是希望人们从客观实际情况出发，一旦条件成熟，水到渠成，事情也就做成了。这里，老子不主张统治者任凭主观意志发号施令，强制推行什么事。"味无味"是以生活中的常情去比喻，这个比喻是极其形象的，人要知味，必须首先从尝无味开始，把无味当作味，这就是"味无味"。接下来，老子又说，"图难于其易"。这是提醒人们处理艰难的事情，须先从细易处着手。面临着细易的事情，却不可轻心。"难之"，这是一种慎重的态度，缜密的思考、细心而为之。本章格言，对于人们来讲，无论行事还是求学，都是不移的至理。这也是一种朴素辩证法的方法论，暗合着对立统一的法则，隐含着由量变到质变飞跃的法则。同时，我们也看到，本章的"无为"并不是讲人们无所作为，而是以"无为"求得"无不为"，他说"是以圣人终不为大，故能成其大"。这正是从方法论上说明了老子的确是主张以无为而有所作为的。

上善若水①。水善利万物而不争，处众人之所恶②，故几于道③。居，善地；心，善渊④；与，善仁⑤；言，善信；政，善治⑥；事，善能；动，善时⑦。夫唯不争，故无尤⑧。

## 【注释】

①上善若水：上，最的意思。上善即最善。这里老子以水的形象来说明"圣人"是道的体现者，因为圣人的言行有类于水，而水德是近于道的。

②处众人之所恶：即居处于众人所不愿去的地方。

③几于道：即接近于道。几：接近。

④渊：沉静、深沉。

⑤与，善仁：与，指与别人相交相接。善仁，指有修养之人。

⑥政，善治：为政善于治理国家，从而取得治绩。

⑦动，善时：行为动作善于把握有利的时机。

⑧尤：怨咎、过失、罪过。

## 【赏析】

　　老子在自然界万事万物中最赞美水，认为水德是近于道的。而理想中的"圣人"是道的体现者，因为他的言行有类于水。为什么说水德近于道呢？王夫之解释说："五行之体，水为最微。善居道者，为其微，不为其著；处众之后，而常德众之先。"以不争争，以无私私，这就是水的最显著特性。水滋润万物而无取于万物，而且甘心停留在最低洼、最潮湿的地方。在此后的七个并列排比句中，都具有关水德的写状，同时也是介绍善之人所应具备的品格。老子并列举出七个"善"字，都是受到水的启发。最后的结论是：为人处世的要旨，即为"不争"。也就是说，宁处别人之所恶也不去与人争利，所以别人也没有什么怨尤。

## 【诵读链接】

　　道教名山老子山，位于洪泽湖南岸的江苏淮安洪泽县老子山镇。传说周王朝为了开发西域，宣扬周礼，派老子西方游说，漫游中他因吃了西王母的仙草而修炼成仙。一天他骑着青牛从天庭飘落到海中一块礁石上，后海水退了，这礁石成了一座小山。他在这里修道炼丹为渔民治病，人们尊称他为太上老君，并把这座山叫老子山。老子山为淮河入湖口岸，三面环水，一山分南北中连接贯通，以秀丽的漪光山色而闻名遐迩。此山名胜古迹甚多，有老子炼丹台、青牛迹（老子坐骑青牛蹄印）、凤凰墩、钓鱼台、法花寺、犹龙书院等十景，可惜都毁于战乱，现仅存仙人洞、凤凰墩遗迹。老子山境内有大小滩头数十处，连同水面30余万亩，自然资源极为丰富。

# 诗经·鹿鸣

　　《诗经》是我国最早的一部诗歌总集，先秦时期称《诗》，又称《诗三百》或《三百篇》，它收集了自西周初年至春秋中叶大约500多年的305篇诗歌。音乐上分为风、雅、颂三部分，其中"风"是地方民歌，有十五国风，共160首；"雅"主要是朝廷乐歌，分大雅和小雅，共105篇；"颂"主要是宗庙乐歌，有40首。表现手法主要是赋、比、兴。"赋"就是铺陈（敷陈其事而直言之也）；"比"就是比喻（以彼物比此物也）；"兴"就是启发（先言它物以引起所咏之词也）。《诗经》思想和艺术价值最高的是风，即民歌。《诗经》对后代诗歌发展有深远的影响，成为我国古典文学现实主义传统的源头。

> 呦呦鹿鸣①，食野之苹②。我有嘉宾，鼓瑟吹笙。
> 吹笙鼓簧③，承筐是将④。人之好我⑤，示我周行⑥。
> 呦呦鹿鸣，食野之蒿。我有嘉宾，德音孔昭⑦。
> 视民不恌⑧。君子是则是效⑨。我有旨酒⑩，嘉宾式燕以敖⑪。
> 呦呦鹿鸣，食野之芩⑫。我有嘉宾，鼓瑟鼓琴。
> 鼓瑟鼓琴，和乐且湛⑬。我有旨酒，以燕乐嘉宾之心。

## 【注释】

①呦呦：鹿的叫声。

②苹：草名，即蕲蒿。

③簧：乐器中用以发声的片状振动体，这里指乐器。

④承：捧着。将：献上。

⑤好：关爱。

⑥周行：大路。

⑦德音：美德。孔：很，十分。昭：鲜明。

⑧视：同"示"，昭示。恌（tiāo）：轻佻。

⑨则：榜样。效：模仿。

⑩旨酒：美酒。

⑪式：语气助词，无实义。燕：同"宴"。敖：同"遨"，意思是游玩。

⑫芩（qín）：草名，属蒿类植物。

⑬湛（dān）：深厚。

## 【赏析】

《鹿鸣》是古人在宴会上所唱的歌。朱熹《诗集传》云："此燕（宴）飨宾客之诗也。"此诗原是君王宴请群臣时所唱，后来逐渐推广到民间，在乡人的宴会上也可唱。东汉末年曹操《短歌行》，还引用了此诗首章前四句，表示了渴求贤才的愿望，说明千余年后此诗还有一定的影响。

此诗共三章，每章八句，开头皆以鹿鸣起兴。在空旷的原野上，一群麋鹿悠闲地吃着野草，不时发出"呦呦"的鸣声，此起彼应，十分和谐悦耳。诗以此起兴，便营造了一个热烈而又和谐的氛围。

此诗自始至终洋溢着欢快的气氛，它把读者从"呦呦鹿鸣"的意境带进"鼓瑟吹笙"的音乐伴奏声中。在热烈欢快的音乐声中有人"承筐是将"，献上竹筐所盛的礼物。酒宴上献礼馈赠的古风，即使到了今天，在大的宴会上仍可见到。然后主人又向嘉宾致辞："人之好我，示我周行。"也就是"承蒙诸位光临，示我以大道"一类的客气话。主人若是君王的话，那这两句的意思则是表示愿意听取群臣的忠告。这样的宴会不徒为取乐而已，带有一定的政治色彩。

后两章大部分与首章重复，唯最后几句将欢乐气氛推向高潮。末句"燕乐嘉宾之心"，则是卒章见志，将诗之主题深化。通过《鹿鸣》这首诗的简单分析，我们对周代宴飨之礼——包括宾主关系、宴乐概况，可以有一个大概的了解。

# 诗经·采薇

采薇采薇①，薇亦作止②。曰归曰归，岁亦莫止③。
靡室靡家，猃狁之故④。不遑启居⑤，猃狁之故。
采薇采薇，薇亦柔止⑥。曰归曰归，心亦忧止。
忧心烈烈⑦，载饥载渴。我戍未定，靡使归聘⑧。
采薇采薇，薇亦刚止⑨。曰归曰归，岁亦阳止⑩。
王事靡盬⑪，不遑启处。忧心孔疚⑫，我行不来。
彼尔维何⑬，维常之华⑭。彼路斯何⑮，君子之车。
戎车既驾，四牡业业⑯。岂敢定居，一月三捷⑰。
驾彼四牡，四牡骙骙⑱。君子所依，小人所腓⑲。
四牡翼翼⑳，象弭鱼服㉑。岂不日戒㉒，猃狁孔棘㉓。
昔我往矣，杨柳依依㉔。今我来思，雨雪霏霏㉕。
行道迟迟㉖，载渴载饥。我心伤悲，莫知我哀。

## 【注释】

①薇：野生的豌豆苗。

②亦：语气助词，没有实义。作：初生。止：语气助词，没有实意。

③岁：年。莫：同"暮"，晚。

④猃狁（xiǎn yǔn）：北方少数民族，春秋时期称戎或狄，秦汉时期称匈奴，隋唐时称突厥。

⑤遑：空闲。启居：休息、调整。

⑥柔：柔嫩。

⑦烈烈：心忧的样子和程度，忧心如焚。

⑧归聘：（请人）捎回问候家人的音讯。

⑨刚：坚硬。这里指植物长得粗硬，即将老了。

⑩阳：指农历十月。

⑪盬（gǔ）：止息，了结。

⑫孔疚：孔，非常。疚，病痛、苦痛。

⑬尔：花开茂盛的样子。

⑭常：棠棣，即苤苢，木名。华：同"花"。

⑮路：同"辂"，大车。

⑯牡：驾戎车的雄马。业业：强壮的样子。

⑰捷：交战，作战。

⑱骙骙（kuí）：马强壮的样子。

⑲腓（féi）：隐蔽，掩护。

⑳翼翼：排列整齐的样子。

㉑弭（mǐ）：弓两头的弯曲处。鱼服：鱼皮制的箭袋。

㉒日戒：每天都戒备作战。

㉓棘：危急。

㉔依依：茂盛的样子。

㉕霏霏：纷纷下落的样子。

㉖行道：归途。迟迟：归途遥远，时间很长。


## 【赏析】

这是一首以远戍归来的士兵的口吻写下的追述征战生活的诗篇。全诗共六节（每八句为一节），以采薇起兴，前五节着重写戍边征战生活的艰苦、强烈的思乡情绪以及久久未能回家的原因，从中透露出士兵反对战争、渴望和平的心绪。第六节以痛定思痛的抒情结束全诗，悲苦之情感人至深。

诗的前三节采用重章叠句的形式，在回环往复一唱三叹中，充分流露了远戍士兵思乡思归的深切心情。时间的推移、季节的转换、心绪的变化，以"薇"的自然生长的三个阶段（作、柔、刚）为由头来展示，这是一种很巧妙的比兴手法。另外，诗的末尾采用了"杨柳依依"和"雨雪霏霏"两个诗歌意象，语言朴实、意境深幽，显示出《诗经》在诗歌意象捕捉上的审美水平高度。

# 礼记·大同①

《礼记》，西汉戴圣对秦汉以前礼仪著作加以辑录，编纂而成，共49篇。是战国以后及西汉时期社会的变动，包括社会制度、礼仪制度和人们观念的继承和变化，儒家经典著作之一。它阐述的思想，包括社会、政治、伦理、哲学、宗教等各个方面，其中《大学》《中庸》《礼运》等有较丰富的哲学思想。东汉末年，著名学者郑玄为《礼记》作了出色的注解，后来这个本子便盛行不衰，并由解说经文的著作逐渐成为经典。

大道之行也②，天下为公。选贤与能，讲信修睦。故人不独亲其亲，不独子其子，使老有所终，壮有所用，幼有所长，矜寡孤独废疾者皆有所养③。男有分④，女有归⑤。货恶其弃于地也，不必藏于己；力恶其不出于身也，不必为己。是故谋⑥闭而不兴，盗窃乱贼而不作，故外户⑦而不闭。是谓大同。

【注释】

①本节选自《礼运》。《礼运》全篇主要记载了古代社会政治风俗的演变，社会历史的进化，礼的起源、内容以及与社会生活的关系等内容，表达了儒家社会历史观和对礼的看法。

②大道：指太平盛世的社会准则。

③矜：同"鳏"，老而无妻的人。孤：年幼无父的人。独：年老无子的人。废疾：肢体残废的人。

④分（fèn）：职分。

⑤归：女子出嫁。

⑥谋：指阴谋诡计。

⑦外户：住宅外面的大门。

## 【赏析】

本篇是讲儒家的大同世界。在这个大同的社会里，天下是属于大家的，官吏能选贤举能，人和人之间讲求信义，和睦相处，鳏寡孤独老弱残疾等人生活均有保障。在大同社会里，人们自觉地各司其职，社会运行处于自然和谐状态。这是儒家理想中的乌托邦式的社会，是一种类似于陶渊明的"桃花源"的理想境界。

# 九歌·湘夫人①

## 屈　原

屈原（约前340~前278年），名平，字原，战国楚人。出身贵族，学识渊博，善于辞令，楚怀王时，曾任左徒、三闾大夫等职。他主张对外联齐抗秦，对内举贤授能，改革政治，变法图强，却遭到保守势力的诽谤和打击，被怀王疏远，顷襄王继位后，被放逐到江南，当时楚国不断遭受强秦的侵略，兵败地削。他痛心国势危殆，自己的理想无法实现，终投汨罗江而死。

屈原留存下来的作品，大多数研究者认为有《离骚》《天问》《招魂》《卜居》《渔父》各1篇，《九歌》11篇，《九章》9篇，共25篇。这些诗篇揭露了统治集团的腐朽和罪恶，表现了作者进步的政治理想、热爱祖国的真挚感情和刚强不屈的斗争精神。屈原作品里采用了大量的神话传说，构思奇特，想象丰富，文辞华丽，富有积极浪漫主义的精神。

帝子降兮北渚②，目眇眇兮愁予③。袅袅④兮秋风，洞庭波兮木叶下⑤。登白蘋兮骋望⑥，与佳期兮夕张⑦。鸟何萃兮苹中⑧，罾何为兮木上⑨？沅有芷兮澧有兰⑩，思公子⑪兮未敢言。荒忽⑫兮远望，观流水兮潺湲⑬。麋⑭何食兮庭中？蛟何为兮水裔⑮？朝驰余马兮江皋⑯，夕济兮西澨⑰。闻佳人兮召予，将腾驾兮偕逝⑱。筑室兮水中，葺之兮荷盖⑲，荪壁兮紫坛⑳，播芳椒兮成堂㉑。桂栋兮兰橑㉒，辛夷楣兮药房㉓。罔薜荔兮为帷㉔，擗蕙櫋兮既张㉕。白玉兮为镇㉖，疏石兰兮为芳㉗。芷葺兮荷屋，缭之兮杜衡㉘。合百草兮实㉙庭，建芳馨兮庑门㉚。九嶷缤㉛兮并迎，灵之来兮如云㉜。

捐余袂<sup>㉝</sup>兮江中，遗余褋兮澧浦<sup>㉞</sup>。搴汀洲兮杜若<sup>㉟</sup>，将以遗兮远者<sup>㊱</sup>。时不可兮骤得<sup>㊲</sup>，聊逍遥兮容与<sup>㊳</sup>。

## 【注释】

①《湘夫人》为《九歌》中的一篇。《九歌》是屈原根据楚国南部流传已久的一套民间祭神乐歌改写的抒情诗，是屈原11篇作品的总称。"九"在概念上代表最多数，这里表示是由许多歌辞构成的组诗。全篇作男神（湘君）思念女神（湘夫人）的语气，写其望之不见，遇之无因的心情。

②帝子：指湘夫人。因为她是帝尧之女，故称帝子。

③眇眇：望眼欲穿的样子。愁予：使我忧愁。

④袅袅：弱而不绝的样子。

⑤波：此处作动词用，意思是起波浪。下：落。

⑥蘋：水草名，生湖泽间。骋望：纵目而望。

⑦佳：佳人，指湘夫人。期：约会。张：陈设。这句是说湘君与湘夫人有约，故在黄昏时布置好一切等待。

⑧萃：集聚。鸟本当集聚在树上，反说在水草中。

⑨罾：渔网。罾原当在水中，反说在树上。此两句意为所愿不得，失其应处之所，隐喻有约不来。

⑩沅：即沅水，在今湖南省。澧：澧水，在今湖南省，流入洞庭湖。芷：白芷，一种香草。

⑪公子：指湘夫人。古代贵族称公族，贵族子女不分姓别，都可称"公子"。

⑫荒忽：不分明的样子。

⑬潺湲：水缓流的样子。

⑭麋：兽名，似鹿。

⑮水裔：水边。此两句意谓鹿本当在山林却在庭中，蛟本当在深渊而在水边。比喻神不可见，所处失常。

⑯皋：水边高地。

⑰澨（shì）：水边。

⑱腾驾：驾着马车奔腾飞驰。偕逝：同往。

⑲葺：修建、补缀。盖：屋顶。

⑳荪壁：用荪草饰壁。荪：一种香草。紫：紫贝。坛：中庭。

㉑椒：一种科香料。

㉒栋：屋栋，屋的正梁，即屋顶最高处的水平木梁，支承着椽子的上端。橑（lǎo）：屋椽。

㉓辛夷：香木名，初春开花。楣：门上横木。药：白芷。

㉔罔：通"网"，作结解。薜荔；一种香草，缘木而生。帷：帷帐。

㉕擗：析开。蕙：一种香草。櫋（mián）：即今室中的隔扇。这句是说析蕙以为隔扇，而且也已陈设好了。

㉖镇：压坐席之物。

㉗疏：分布，陈列。石兰：一种香草。

㉘缭：绕、束。杜衡：一种香草。这句说用杜衡绕在屋的四周。

㉙合：合聚。百草：指众芳草。实：充实。

㉚建：设置。芳馨：总指前面所说的香草。庑（wǔ）：廊。庑门：庑和门。

㉛九嶷：山名，传说中舜的葬地，在湘水南。这里指九嶷山神。缤：盛多的样子。

㉜灵：神。如云：形容众多。

㉝袂（mèi）：衣袖。

㉞褋（dié）：外衣。这两句写湘君在失望之余，准备把褋和袂丢在水中以寄情人。

㉟搴：采。汀：水中或水边的平地。杜若：一种香草。

㊱远者：指湘夫人。

㊲骤得：数得，屡得。

㊳聊：姑且；逍遥：游玩。容与：悠闲的样子。

## 【赏析】

《湘夫人》是《楚辞·九歌》十一首之一，是祭湘水女神的诗歌，和《湘君》是姐妹篇。这首诗写的是湘水女神的恋爱故事。湘君、湘夫人都是楚地人们崇拜的自然神。

从诗歌内容上看，这首诗写的是一对神的爱情故事。诗题虽是湘夫人，但全诗用的是湘君的口吻。诗歌主要写湘君在约会地点等而不见湘夫人，感情的跌宕起伏和一系列的心理活动。写的虽是神的生活，但流溢出的却是人的情味。全诗情节虽然简单，但内蕴丰富，感情强烈，具有较高的艺术性。

全诗所描写的对象和运用的语言，都具有鲜明的楚地特征，如沅水、湘水、澧水、洞庭湖、白芷、白蘋、薜荔、杜衡等自然物以及民情风俗、神话传说、宗教气氛等，无不具有楚地的鲜明特色。诗中所构想的房屋建筑、陈设布置，都是立足于楚地的自然环境、社会风尚和文化心理结构。

## 【诵读链接】

君山在岳阳市西南 15 千米的洞庭湖中，古称洞庭山、湘山、有缘山，是八百里洞庭湖中的一个小岛，与千古名楼岳阳楼遥遥相对，取意神仙"洞府之庭"。传说这座"洞庭山浮于水上，其下有金堂数百间，玉女居之，四时闻金石丝竹之声，彻于山顶"。后因舜帝的两个妃子娥皇、女英葬于此，屈原在《九歌》中称之为湘君和湘夫人，故后人将此山改名为君山。总面积 0.96 平方千米，由大小 72 座山峰组成，被"道书"列为天下第十一福地。

# 孟子·离娄上

《孟子》一书是孟子的言论汇编，由孟子及其弟子共同编写而成，记录了孟子的语言、政治观点和政治行动的儒家经典著作，属语录体散文集。南宋时朱熹将《孟子》与《论语》《大学（书）》《中庸》合在一起称"四书"。直到清末，"四书"一直是科举必考内容。在《孟子》一书中，集中地体现了孟子的政治思想、哲学思想和教育思想。孟子的政治思想与孔子一脉相承，并把孔子"仁"的政治思想发展为"仁政"学说。

有孺子歌曰："沧浪①之水清兮，可以濯②我缨③；沧浪之水浊兮，可以濯我足。"孔子曰："小子听之！清斯濯缨，浊斯濯足矣。自取之也。夫人必自侮，然后人侮之；家必自毁，而后人毁之；国必自伐④，而后人伐之。《太甲》曰⑤：'天作孽，犹可违；自作孽，不可活。'此之谓也。"

## 【注释】

①沧浪：前人有多种解释。或认为是水名（汉水支流），或认为是地名（湖北均县北），或认为是指水的颜色（青苍色）。各种意思都不影响对原文的理解。

②濯（zhuó）：洗。

③缨：系帽子的丝带.

④伐：讨伐、攻打。

⑤《太甲》：指《尚书·太甲》。

## 【赏析】

　　水的用途有贵有贱（"濯缨"与"濯足"），是因为水有清有浊造成的，人有贵有贱，有尊有卑又何尝不是由自己造成的呢？

　　不仅个人如此，一个家庭，一个国家，都莫不如此。

　　人因为不自尊，他人才敢轻视；家由于不和睦，"第三者"才有插足的缝隙；国家动乱，祸起萧墙之内，敌国才趁机入侵。所有这些，都有太多的例证可以证实。我们今天说"堡垒最容易从内部攻破"，其实也正是这个意思。

　　所以，人应自尊，家应自睦，国应自强。祸福贵贱都由自取。你就是你自己的主宰。

# 荀子·劝学

　　《荀子》是战国后期儒家学派最重要的著作。荀子（约前313~前238年），名况，战国后期赵国人，时人尊称为荀卿，汉时称为孙卿。年五十，始游学于齐国，曾在齐国首都临淄（今山东淄博市）的稷下学宫任祭酒。因遭谗而适楚国，任兰陵（今山东兰陵县）令。以后失官家居，著书立说，死后葬于兰陵。著名学者韩非、李斯均是他的学生。

　　《荀子》一书今存32篇，除少数篇章外，大部分是荀子自己所写。他的文章擅长说理，组织严密，分析透辟，善于取譬，常用排比句增强议论的气势，语言富赡警炼，有很强的说服力和感染力。

　　积土成山，风雨兴焉；积水成渊①，蛟龙生焉；积善成德，而神明自得，圣心备焉②。故不积跬步③，无以至千里；不积小流，无以成江海。骐骥④一跃，不能十步；驽马十驾⑤，功在不舍。锲⑥而舍之，朽木不折；锲而不舍，金石可镂⑦。蚓无爪牙之利，筋骨之强，上食埃土，下饮黄泉，用心一也。蟹六跪⑧而二螯⑨，非蛇鳝之穴无可寄托者，用心躁⑩也。

## 【注释】

①渊：深水。

②积善成德，而神明自得，圣心备焉：积累善行而养成品德，达到很高的境界，通明的思想（也就）具备了。得，获得。而，表因果关系。

③跬：古代的半步。古代称跨出一脚为"跬"，跨两脚为"步"。

④骐骥：骏马，千里马。

⑤驽马十驾：劣马拉车连走十天，（也能走得很远）。驽马，劣马。驾，马拉车一天所走的路程叫"一驾"。

⑥锲：用刀雕刻。

⑦金：金属。石：石头。镂：原指在金属上雕刻，泛指雕刻。

⑧六跪：六条腿，蟹实际上是八条腿。跪，蟹脚。（一说，海蟹后面的两条腿只能划水，不能用来走路或自卫，所以不能算在"跪"里；另一说，"六"虚指。这两说高中课本中没有提到。）

⑨螯：螃蟹的大钳子。

⑩躁：浮躁，不专心。

## 【赏析】

本章节选自荀子《劝学》篇，此文论述学习的意义、作用、方法和态度，勉励人们努力学习。本章节选了其中的第四段，论述学习的方法。在本章中，作者用了十个比喻论证学习要逐步积累，要坚持不懈，要专心致志。先从正面设喻："积土成山"，可以兴风雨；"积水成渊"，可以生蛟龙。所以有这样的功效，全赖于"积"。接着从反面设喻，说明"不积"就不能至千里，成江河。正反对照，说明"积"与"不积"效果完全不同。其次，从"舍"与"不舍"来论述学习贵在坚持不懈的道理。先用骐骥与驽马对比，又用朽木与金石对比，说明成功的关键在于"舍"与"不舍"。人们学习，如果一曝十寒，时学时辍，再简单的知识也学不会；如果能持之以恒，即使是艰深的知识也可学会。荀子认为"积"必须是日积月累，非一朝一夕之功，一定要坚持不懈。最后，用蚯蚓的"用心一"和螃蟹的"用心躁"进行对比，说明学习必须专心致志，心专一，才能获得成功。

荀子的文章素有"诸子大成"的美称，铺陈扬厉，说理透辟；行文简洁，精练有味；警句迭出，耐人咀嚼。

# 第二部分　秦汉魏晋南北朝

# 谏逐客书（节选）

## 李　斯

　　李斯（约前284~前208年），秦朝丞相，河南上蔡县人，中国历史上著名的政治家、文学家和书法家。李斯协助秦始皇统一天下，秦统一之后，李斯参与制定了秦朝的法律和完善了秦朝的制度，力排众议主张实行郡县制、废除分封制，提出并且主持了文字、车轨、货币、度量衡的统一。李斯政治主张的实施对中国和世界产生了深远的影响，奠定了中国两千多年政治制度的基本格局，后被赵高所害。

　　　今陛下致昆山之玉，有随和之宝①，垂明月之珠，服太阿之剑，乘纤离之马，建翠凤之旗，树灵鼍②之鼓。此数宝者，秦不生一焉，而陛下说之，何也？必秦国之所生然后可，则是夜光之璧，不饰朝廷；犀象之器，不为玩好；郑、卫之女不充后宫，而骏良駃騠③不实外厩，江南金锡不为用，西蜀丹青不为采。所以饰后宫，充下陈④，娱心意，说耳目者，必出于秦然后可，则是宛珠之簪，傅玑之珥⑤，阿缟之衣，锦绣之饰不进于前，而随俗雅化⑦，佳冶窈窕⑧，赵女不立于侧也。夫击瓮叩缶弹筝搏髀⑨，而歌呼呜呜快耳者，真秦之声也；郑、卫、《桑间》，《韶》《虞》《武》《象》者⑩，异国之乐也。今弃击瓮叩缶而就郑、卫，退弹筝而取《韶》《虞》，若是者何也？快意当前，适观而已矣。今取人则不然。不问可否，不论曲直，非秦者去，为客者逐。然则是所重者在乎色乐珠玉，而所轻者在乎人民也。此非所以跨海内、制诸侯之术也。

## 【注释】

　　①随和之宝：即所谓"随侯珠"和"和氏璧"，传说中春秋时随侯所得的夜明珠和楚人卞和所得的美玉。

②鼍（tuó）：亦称扬子鳄，俗称猪婆龙，皮可蒙鼓。

③駃騠（jué tí）：骏马名。

④充下陈：此泛指将财物、美女充买府库后宫。下陈：殿堂下陈放礼器、站立偾从的地方。

⑤傅：附着，镶嵌。玑：不圆的珠子。此泛指珠子。珥（ěr）：耳饰。

⑥阿：细缯，一种轻细的丝织物。或以"阿"为地名，指齐国东阿（今山东东阿县）。缟（gǎo）：未经染色的绢。

⑦随俗雅化：随合时俗而雅致不凡。

⑧佳冶窈窕：妖冶美好的佳丽。

⑨瓮（wèng）：陶制的容器，古人用来打水。缶（fǒu）：一种口小腹大的陶器。秦人将瓮、缶作为打击乐器。搏髀（bì）：拍打大腿，以此掌握音乐唱歌的节奏。搏：击打，拍打。髀：大腿。

⑩郑：指郑国故地的音乐。卫：指卫国故地的音乐。《桑间》：桑间为卫国濮水边上地名，在今河南濮阳县南，有男女聚会唱歌的风俗。此指桑间的音乐。《韶》：歌颂虞舜的舞乐。《虞》：当为歌颂商汤的舞乐。《武》：歌颂周武王的舞乐。《象》：歌颂周文王的舞乐。

## 【赏析】

这篇文章节选自先秦著名散文《谏逐客书》，战国末期，秦国怀疑六国派遣间谍削弱秦国，于是秦王嬴政下令驱逐在秦的客卿，作为客卿的李斯对这项命令，持鲜明的反对态度。于是上书秦王嬴政，希望他收回该项命令。在节选的本段文字中，李斯从秦王生活喜好角度出发，阐明秦王所喜爱珠宝、服饰、骏马、美女、音乐也不是秦国本土所有，而是来自不同的地区，进而表达出统治者对待人才不应该有地域的区分，只有不分地域，任人唯贤，才能使秦国变大变强。整段文字观点鲜明、论证有力，令人信服。

## 【诵读链接】

函谷关，位于河南省灵宝市区，该关西据高原，东临绝涧，南接秦岭，北塞黄河，是中国历史上建置最早的雄关要塞之一。战国时秦孝公从魏国手中夺取崤函之地，在此设置函谷关。此关关城东西长 7500 米、谷道仅容一车通行，素有"一夫当关、万夫莫开"之说。

# 吊屈原赋

## 贾　谊

　　贾谊（前200~前168年），西汉初年文学家。又称贾太傅、贾长沙。洛阳（今河南洛阳市东）人。汉文帝时，为太中大夫。后为梁怀王太傅。梁怀王坠马而死后，贾谊深自歉疚，忧伤而死。赋以《鵩鸟赋》《吊屈原赋》为最有名。其政论散文堪称文采斐然，最为人称道的政论作品是《过秦论》《陈政事疏》。后人辑其文为《贾长沙集》，另有《新书》十卷。

　　谊为长沙王太傅，既以谪去①，意不自得；及渡湘水②，为赋以吊屈原。屈原，楚贤臣也。被谗放逐，作《离骚》赋，其终篇曰："已矣哉！国无人兮，莫我知也。"遂自投汨罗而死③。谊追伤之，因自喻，其辞曰：

　　恭承嘉惠兮，俟罪长沙④；侧闻屈原兮，自沉汨罗。造托湘流兮，敬吊先生；遭世罔极兮，乃殒厥身⑤。呜呼哀哉！逢时不祥。鸾凤伏窜兮，鸱枭翱翔⑥。阘茸尊显兮，谗谀得志⑦；贤圣逆曳兮，方正倒植⑧。世谓随、夷为溷兮，谓跖、蹻为廉⑨；莫邪为钝兮，铅刀为铦⑩。吁嗟默默，生之无故兮⑪；斡弃周鼎，宝康瓠兮⑫。腾驾罢牛，骖蹇驴兮⑬；骥垂两耳，服盐车兮。章甫荐履，渐不可久兮⑭；嗟苦先生，独离此咎兮。

　　讯曰⑮：已矣！国其莫吾知兮，独壹郁其谁语？凤漂漂其高逝兮，固自引而远去。袭九渊之神龙兮，沕深潜以自珍⑯；偭蟂獭以隐处兮，夫岂从虾与蛭螾⑰？所贵圣人之神德兮，远浊世而自藏；使骐骥可得系而羁兮，岂云异夫犬羊？般纷纷其离此尤兮，亦夫子之故也⑱。历九州而其君兮，何必怀此都也？凤凰翔于千仞兮，览德辉而下之；见细德之险征兮，遥曾击而去之。彼寻常之污渎兮，岂能容夫吞舟之巨鱼？横江湖之鳣鲸兮，固将制于蝼蚁⑲。

## 【注释】

①长沙王：指西汉长沙王吴芮的玄孙吴差。太傅：官名，对诸侯王行监护之责。谪（zhé）：贬官。

②湘水：在今湖南境内，注入洞庭湖。

③汨罗：水名，湘水支流，在今湖南岳阳市境内。

④恭承：敬受。嘉惠：美好的恩惠，指文帝的任命。俟罪：待罪。

⑤罔极：没有准则。殒（yǔn）：殁，死亡。厥：其，指屈原。

⑥伏窜：潜伏，躲藏。鸱枭：猫头鹰一类的鸟，此喻小人。翱翔：比喻得志升迁。

⑦阘（tà）：小门。茸：小草。指地位卑微或品格卑鄙的人。

⑧逆曳：被倒着拖拉，指不被重用。倒植：倒立，指本应居高位反居下位。

⑨随：卞随，商代的贤士。夷：伯夷。二者都是古贤人的代表。溷（hún）：混浊。跖：春秋时期的大盗。蹻（jué）：庄蹻，战国时楚国将领，庄蹻接受楚顷襄王之命开辟云南，后来退路被秦国斩断，他在云南自立为王，客观上背叛了楚国。

⑩莫邪（yé）：古代宝剑名。铅刀：软而钝的刀。铦（xiān）：锋利。

⑪默默：不得志的样子。生：指屈原。无故：无故遇此祸也。

⑫斡（wò）：旋转。斡弃：抛弃。周鼎：比喻栋梁之材。康瓠（hù）：瓦罐，比喻庸才。

⑬腾驾：驾驭。罢（pí）：疲惫。骖：古代四马驾一车，中间的两匹叫服，两边的叫骖。蹇：跛脚。

⑭章甫：古代的一种礼帽。荐：垫。履：鞋。章甫荐履：用礼帽来垫鞋子。渐：逐渐，这里指时间短暂。

⑮讯曰：告曰。

⑯袭：效法。九渊：九重渊，深渊。沕（wù）：深潜的样子。

⑰俯（miǎn）：面向。蟂獭（xiāo tǎ）：水獭一类的动物。从：跟随。虾（há）：蛤蟆。蛭（zhì）：水蛭，蚂蟥一类。螾：同"蚓"，蚯蚓。

⑱般：久。纷纷：乱纷纷的样子。尤：祸患。夫子：指屈原。意思是说屈原自己该走不走，长久停留在那乱纷纷的地方，怎么不会遭祸呢。

⑲鳣（zhān）：鲟一类的大鱼。鲸：鲸鱼。固：本来。

## 【赏析】

贾谊途经湘江，感慨屈原的遭遇而写下了该赋。贾谊自己才华横溢、年少得志，但后来不被容于官场，屡遭贬斥，经历和屈原类似。因此他在赋的开始对屈原的不幸表达了伤感，其实也正是对自身处境的情绪表达。赋中以"鸾凤伏窜""鸱枭翱翔"进行鲜明对比，反映出作者对世间君子失意、小人得志这种不公现象的强烈不满，感慨君子生不逢时，不能够发挥自己的才干。最后，贾谊在赋中也表达出君子和贤人在乱世中应该保全自己，其实也是间接反对屈原沉江选择，反映出他的人生态度。

## 【诵读链接】

汨罗江位于湖南省北部，东源出于江西省修水县境，西源出于湖南省平江县境，流经汨罗县，在湘阴县入洞庭湖。战国末期，楚国著名的政治家、诗人屈原被流放时，在汨罗江畔的玉笥山上住过。公元前278年，楚国都城郢（今湖北荆州市）被秦军攻破，屈原感到救国无望，投汨罗江而死。为了纪念他，每年五月初五，沿江的人们都在此处投放粽子给屈原飨食，另外还举行大型的民间龙舟赛。

# 七发（节选）

## 枚　乘

枚乘（？～约前140年），汉代辞赋家。字叔，淮阴（今江苏淮阴）人。初为吴王刘濞郎中，吴王有叛心，枚乘上书谏劝不听，于是枚乘投奔梁孝王刘武。景帝时，吴王参与六国谋反，枚乘又上书劝阻。枚乘因此而知名。"七国之乱"平定后，景帝拜他为弘农都尉，他不愿做郡吏，称病离职，仍旧到梁国，为梁王的文学侍从。其赋作今存《七发》等三篇。

太子曰："善，然则涛何气哉？"

答曰："不记也，然闻于师曰，似神而非者三：疾雷闻百里；江水逆流，海水上潮；山出云内，日夜不止。衍溢漂疾②，波涌而涛起。其始起也，洪淋淋焉③，若白鹭之下翔。其少进也，浩浩溰溰④，如素车白马帷盖之张。其波涌而云乱，扰扰焉如三军之腾装。其旁作而奔起者，飘飘焉如轻车之勒兵。六驾蛟龙，附从太白⑤，纯驰皓蜺，前后络绎。颙颙卬卬，椐椐强强，莘莘将将⑥。壁垒重坚，

沓杂似军行。訇隐匈礚，轧盘涌裔，原不可当⑦。观其两旁。则滂渤
怫郁，阘漠感突，上击下律⑧，有似勇壮之卒，突怒而无畏。蹈壁冲
津，穷曲随隈，踰岸出追⑨。遇者死，当者坏。初发乎或围之津涯，
荄轸谷分⑩。回翔青篾，衔枚檀桓⑪。弭节伍子之山，通厉骨母之
场⑫，凌赤岸，篲扶桑⑬，横奔似雷行。诚奋厥武，如振如怒。沌沌
浑浑⑭，状如奔马。混混庉庉⑮，声如雷鼓。发怒庢沓，清升踰跇，
侯波奋振，合战于藉藉之口⑯。鸟不及飞，鱼不及回，兽不及走。纷
纷翼翼，波涌云乱，荡取南山，背击北岸，覆亏丘陵，平夷西畔⑰。
险险戏戏⑱，崩坏陂池，决胜乃罢。澌浐灂溉，披扬流洒⑲。横暴之
极，鱼鳖失势，颠倒偃侧，沋沋湲湲，蒲伏连延⑳。神物怪疑，不可
胜言，直使人踣焉，洄闻㉑凄怆焉。此天下怪异诡观也，太子能强起
观之乎？"

## 【注释】

①出内：通"出纳"，指云气在山谷中出入。

②衍溢漂疾：指江水涨满，流速很快。

③洪淋淋焉：洪涛上空淋下。洪：洪水。

④浩浩澟澟（ái）：形容波涛在空中白茫茫一片。

⑤太白：据《文选》李善注，即《淮南子》里的"冯迟太白"，就是河伯即河神。

⑥颙颙（yóng）卬卬（áng）：高大的样子。椐椐（jū）强强：形容江涛前后相随
的样子。莘莘（xīn）将将（qiāng）：形容波涛互相激荡的样子。

⑦訇（hōng）隐匈礚（gài）：都是象声词，形容江涛发出的巨大轰鸣声。轧盘涌
裔：形容波涛翻滚奔腾的样子。轧：排挤。盘：盘桓。裔：流动。原：本。当：抵挡。

⑧滂渤：同"磅礴"，形容气势。怫郁：形容激怒。阘漠感突：形容江涛汪洋一片，
左冲右突。感：通"撼"。上击下律：向高空冲击，向下坠落。律：当作"硉"（lù），
石从高处滚下。

⑨蹈壁冲津：指波涛拍打江岸，冲击渡口。穷曲随隈（wēi）：指波涛冲向所有江岸
弯曲之处。曲、隈：均指江水弯曲的地方。出追：超出沙滩。追：古"堆"字。

⑩荄（gāi）轸谷分：草根被冲动，山谷被冲开。

⑪回翔：指江水回旋。青篾：地名，一说车名。衔枚：古代行军时，士兵口中衔枚
以免喧哗，这里形容波涛初起时无声前进。按：水势浩大而初起时无声，有似海啸之初
起。檀桓：同"盘桓"。

⑫弭节：缓慢行进。伍子之山：即伍子山，因纪念伍子胥而得名。通厉：远行。骨母之场：祭祀伍子胥的祠庙，"骨"为"胥"之误，胥母，山名，在今江苏省。

⑬凌赤岸：超越赤岸。赤岸，地名。篲（huì）扶桑：扫向扶桑。篲：扫帚，用作动词。扶桑，神话传说中的日出之处。

⑭沌沌（tún）浑浑：波涛相逐的样子。

⑮混混庉庉（tún）：波涛相逐。

⑯庢（zhì）：阻碍。沓：激溅而出。清升：清波升起。踰趨（yì）：超越。侯：波神，这里以侯波代指大波。藉藉：地名。

⑰纷纷翼翼：繁多的样子。荡取南山：向南冲荡。取：通"趋"，趋向。背击：回击。覆亏：倾覆亏蚀。夷：平，指荡平。畔：岸。

⑱险险戏戏：危险的样子。戏戏：通"巇巇"，危险的样子。

⑲濿（jié）：水波相击声。潎洌：水流的样子。披扬流洒：形容江水汹涌，浪花四溅。

⑳偃侧：犹言东倒西歪。偃，仰躺。侧，歪斜。沈沈（yóu）浟浟：形容鱼鳖歪歪倒倒的样子。蒲伏：同"匍匐"，伏地而行的样子。连延：连续不断。

㉑泂阆：神智不清的样子。


## 【赏析】

　　此篇文字节选自汉代著名文学家枚乘的《七发》，赋中的吴客向楚太子描述观涛之趣。作者在赋中为了描写广陵潮气势，极力铺陈文字，充分调动人的各种感官，包括视觉、听觉等，营造江涛宏伟壮丽的氛围；为了突出江潮的狂暴，赋中还使用了许多形象生动的比喻，"如三军之腾装""如轻车之勒兵""有似勇壮之卒，突怒而无畏"，以宏大的战争场景来描绘江涛汹涌的情状，气势磅礴，动人心魄，使人读罢有身临其境之感。总之，枚乘的观涛描写是中国文学关于江潮最早的描写，充分体现出汉赋辞藻华美、宏大瑰奇的艺术特色。


## 【诵读链接】

　　钱塘江位于浙江省，钱塘江涌潮为世界一大自然奇观，它是天体引力和地球自转的离心作用，加上杭州湾钱塘江喇叭口的特殊地形所造成的特大涌潮。潮头由远而近，飞驰而来，鸣声如雷，势如万马奔腾。观潮始于汉魏，距今两千多年，成为历史悠久的传统民俗活动。

# 行行重行行

## 佚 名

选自《古诗十九首》,《古诗十九首》是乐府古诗文人化的显著标志,深刻地再现了文人在汉末社会思想大转变时期,追求的幻灭与沉沦、心灵的觉醒与痛苦,抒发了人生最普遍的情感。全诗语言朴素自然,描写生动真切,具有浑然天成的艺术风格,处处表现了道家与儒家的哲学意境,被刘勰称为"五言之冠冕"。

行行重行行①,与君生别离。
相去万余里,各在天一涯。
道路阻且长②,会面安可知。
胡马依北风,越鸟巢南枝。
相去日已远,衣带日已缓③。
浮云蔽白日,游子不顾返④。
思君令人老,岁月忽已晚⑤。
弃捐勿复道⑥,努力加餐饭。

## 【注释】

①重:又。这句是说行而不止。
②阻:指道路上的障碍。长:指道路间的距离很远。
③缓:宽松。这句意思是说,人因相思而躯体一天天消瘦。
④顾:顾恋、思念。反:同"返",返回,回家。
⑤岁月:指眼前的时间。忽已晚:流转迅速。
⑥弃捐:抛弃,丢开。复:再。道:谈说。

## 【赏析】

该诗是一首五言诗，反映汉末的离人之苦。诗中首先叙述夫妻离别，相隔万里，相见非常之难；接着着重描写妻子对远方丈夫的相思之苦，"衣带日已缓"一句，含蓄地表达妻子因长期思念导致身形消瘦的景象，另外运用比兴的手法，如"胡马依北风，越鸟巢南枝"一句，形象生动地表达盼望游子早日归来。整首诗歌语言朴素自然，娓娓道来，真情流露，千载之后，仍然令人回味。

## 【诵读链接】

玉门关又称小方盘城，建于公元前111年左右。为丝绸之路通往西域北道的咽喉要隘，位于敦煌城西北90千米处戈壁滩中。关城为正方形，黄土垒就高10米、上宽3米、下宽5米的城墙保存完好，东西长24米，南北宽26.4米，面积633平方米，西北各开一门。

# 饮马长城窟行

## 汉乐府民歌

乐府，原指汉代官府的音乐管理机关。汉武帝时扩充为规模较大的专署，其任务是收集编纂各地民间音乐、整理改编与创作音乐、进行演唱及演奏等，供统治者祭祀和宴饮时使用。后来把乐府所采集、创作的诗，称作"乐府诗"，或简称"乐府"。汉乐府即汉代的乐府诗。汉乐府民歌是汉乐府的精华。

青青河畔草，绵绵思远道①。
远道不可思，宿昔梦见之②。
梦见在我傍，忽觉在他乡。
他乡各异县，展转不相见③。
枯桑知天风，海水知天寒④。
入门各自媚，谁肯相为言⑤！
客从远方来，遗我双鲤鱼⑥。
呼儿烹鲤鱼⑦，中有尺素书③。

长跪读素书⑨，书中竟何如？
上言加餐食，下言长相忆⑩。

## 【注释】

①绵绵：延续不断，形容对于远方人的相思。

②宿昔：指昨夜。

③展转：亦作"辗转"。这里是说在他乡作客的人行踪无定。"展转"又是形容不能安眠之词。如将这一句解释指思妇而言，也可以通，就是说她醒后翻来覆去不能再入梦。

④枯桑：落了叶的桑树。这两句是说枯桑虽然没有叶，仍然感到风吹，海水虽然不结冰，仍然感到天冷。比喻那远方的人纵然感情淡薄也应该知道我的孤凄、我的想念。

⑤媚：爱。言：问讯。以上上二句是把远人没有音信归咎于别人不肯代为传送。

⑥双鲤鱼：指藏书信的函，就是刻成鲤鱼形的两块木板，一底一盖，把书信夹在里面。一说将上面写着书信的绢结成鱼形。

⑦烹：煮。假鱼本不能煮，诗人为了造语生动故意将打开书函说成烹鱼。

⑧尺素：素是生绢，古人用绢写信，指代信。

⑨长跪：伸直了腰跪着。

⑩末二句"上""下"指书信的前部与后部。加餐食：美味佳肴，因为古代生活不易，孟子曾有"老者衣帛食肉"的说法，日常美食的享用，非得要老年人或富贵人家不可；尤其是在政治黑暗，社会动荡不安的时期，三餐不继是很有可能发生的惨事。

## 【赏析】

这是一首汉乐府民歌，抒写怀人情愫。诗的开头，由河边的青草思恋着远方的古道，引入了对诗中的主人公苦苦思恋心上人的描写，开头两句是用了比兴手法，很好地奠定了下文缠绵的抒情基调。

接着用虚实结合的写法，表现主人公的思念之情。主人公对心上人是"远道不可思"，心上人不在身旁，思念他也没用，不如不去思念他。这是主人公面对的客观事实，是实写。而作者写到主人公"宿昔梦见之，梦见在我旁"，这是主人公梦中出现的不客观事实，是虚写。此诗用了虚实结合的手法，表现了主人公对心上人的思恋由清醒到迷醉，这是多么痴情的思恋！

最后用典型的一人读信的生活细节，来表现主人公的内心情怀。好不容易收到来信，"上言加餐食，下言长相忆"，却偏偏没有一个字提到归期。归家无期，就更增添了主人公的眷念之情。如此收尾，余味不尽。

## 【诵读链接】

秦始皇三十二年（前215年），大将蒙恬率30万大军北击匈奴，取河南地，其后筑起"西起临洮，东止辽东，蜿蜒一万余里"的长城。自秦始皇筑长城之后，始有万里长城之称。

# 步出夏门行·观沧海

### 曹　操

曹操（155~220年），字孟德，沛国谯县（今安徽亳州）人。东汉末年杰出的政治家、军事家、文学家、书法家，三国中曹魏政权的奠基人。善诗歌，抒发自己的政治抱负，反映汉末人民的苦难生活，气魄雄伟，慷慨悲凉；散文亦清峻整洁，开启并繁荣了建安文学。

东临碣石①，以观沧海②。

水何澹澹③，山岛竦峙④。

树木丛生⑤，百草丰茂。

秋风萧瑟⑥，洪波⑦涌起。

日月之行，若出其中；

星汉⑧灿烂，若出其里。

幸⑨甚至哉，歌以咏志⑩。

## 【注释】

①碣（jié）石：山名。碣石山，河北昌黎碣石山。公元207年秋天，曹操征乌桓得胜回师时经过此地。

②沧海：渤海。

③澹澹（dàn dàn）：水波摇动的样子。

④竦峙（sǒng zhì）：耸立。竦，通耸，高。

⑤丛生：指草木聚集在一处生长。

⑥萧瑟：树木被秋风吹的声音。。

⑦洪波：汹涌澎湃的波浪。

⑧星汉：银河，天河。

⑨幸：庆幸。

⑩咏志：即表达心志。

## 【赏析】

该诗是曹操征讨乌桓，胜利回师途中经过碣石山所作。诗中描绘了大海、山岛、草木，以及秋风起，海潮澎湃、日月、银河等景象，视野由近及远，由地表升至宇宙，虽是写景，其实正是曹操胸怀天下的写照，另外借景抒情，一方面抒发战胜乌桓后愉悦和轻松的心情；另一方面表达了作者雄心壮志，渴望结束东汉末年以来国家纷乱的局面，建立丰功伟绩。全诗篇幅虽短，但基调苍凉慷慨、气象宏大，是建安风骨的代表作。

## 【诵读链接】

河北省秦皇岛市昌黎县山峰，古代名人曹操曾在此留下诗篇《观沧海》。具体在哪里，学术界原有三种观点，一是河北昌黎，二是山东无棣，三是辽宁兴城。在20世纪80年代中期，秦皇岛孟姜女庙附近的孟姜女坟出土一批文物，证明昌黎县城北的碣石山就是当年曹操所登临的碣石山。

# 燕歌行二首·其一

## 曹　丕

曹丕（187~226年），字子桓，沛国谯县（今安徽省亳州市）人。三国时期著名的政治家、文学家。曹丕于诗、赋、文学皆有成就，尤擅长于五言诗，与其父曹操和弟曹植，并称"建安三曹"，今存《魏文帝集》二卷。另外，曹丕著有《典论》，当中的《论文》是中国文学史上第一部有系统的文学批评专论作品。

秋风萧瑟天气凉，草木摇落①露为霜。
群燕辞归鹄南翔。念君客游思断肠。
慊慊②思归恋故乡，何为淹留③寄他方？
贱妾茕茕④守空房，忧来思君不敢忘，不觉泪下沾衣裳。
援⑤琴鸣弦发清商⑥，短歌微吟不能长。
明月皎皎照我床，星汉西流夜未央⑦。
牵牛织女遥相望，尔独何辜限河梁⑧。

## 【注释】

①摇落：凋残。。

②慊慊（qiàn qiàn）：空虚之感。

③淹留：久留。

④茕茕（qióng qióng）：孤独无依的样子。

⑤援：引，持。

⑥清商：乐名。清商音节短促，所以下句说"短歌微吟不能长"。

⑦夜未央：夜已深而未尽的时候。古人用观察星象的方法测定时间，这诗所描写的景色是初秋的夜间，牛郎星、织女星在银河两旁，初秋傍晚时正见于天顶，这时银河应该西南指，现在说"星汉西流"，就是银河转向西，表示夜已很深了。

⑧河梁：河上的桥。传说牵牛和织女隔着天河，只能在每年七月七日相见，乌鹊为他们搭桥。

## 【赏析】

　　该诗叙述了一位女子对远行丈夫的思念。诗歌首先借景抒情，借秋天萧瑟的景象，抒发出思妇的怀人之情。女子在思念丈夫的同时，对丈夫长期未归也颇有微词，其中"何为淹留寄他方"就是此意。妻子自己不仅有思念之苦，而且还要忍受内心无比的寂寞，所谓"茕茕守空房"就是典型的描写。尽管如此，女子对丈夫依然一往情深。最后以牵牛星与织女星的"限河梁"来表现思妇的哀怨。整首诗语言清丽，感情缠绵。

## 【诵读链接】

著名的北方军事要塞高阙塞遗址位于内蒙古乌拉特后旗那仁宝力格苏木那仁乌博尔嘎查的一个台地断崖之上，地表现存古城由南北两个小城组成。北城略呈方形，城墙用较大鹅卵石垒砌而成。南城为长方形，城墙较窄，曾出土了汉代的铁釜、铁甲片和箭头等。南北两城的建筑风格明显不同。有关专家推断，北城为赵武灵王所筑之高阙，而南城应是汉代沿用时扩筑的城池。

# 白马篇

## 曹 植

曹植（192~232 年），字子建，沛国谯县（今安徽省亳州市）人。三国曹魏著名文学家，建安文学代表人物。魏武帝曹操之子，魏文帝曹丕之弟，生前曾为陈王，去世后谥号"思"，因此又称陈思王。后人因他文学上的造诣而将他与曹操、曹丕合称为"三曹"。

白马饰金羁①，连翩②西北驰。借问谁家子，幽并③游侠儿。
少小去乡邑，扬声沙漠垂。宿昔秉良弓，楛矢何参差④。
控弦破左的⑤，右发摧月支⑥。仰手接飞猱⑦，俯身散马蹄。
狡捷过猴猿，勇剽若豹螭⑧。边城多警急，虏骑数迁移。
羽檄⑨从北来，厉马登高堤。长驱蹈匈奴，左顾凌鲜卑⑩。
弃身锋刃端，性命安可怀？父母且不顾，何言子与妻。
名编壮士籍，不得中顾私⑪。捐躯赴国难，视死忽如归。

## 【注释】

①金羁（jī）：金饰的马笼头。
②连翩（piān）：连续不断，原指鸟飞的样子，这里用来形容白马奔驰的俊逸形象。
③幽并：幽州和并州。在今河北、山西、陕西一带。
④楛（hù）矢：用楛木做成的箭。参差（cēn cī）：长短不齐的样子。

⑤控弦：开弓。的：箭靶。

⑥月支：箭靶的名称。

⑦接：接射。飞猱（náo）：飞奔的猿猴。

⑧螭（chī）：传说中形状如龙的黄色猛兽。

⑨羽檄（xí）：军事文书，插鸟羽以示紧急，必须迅速传递。

⑩顾：看。凌：压制。鲜卑：中国古代东北方的少数民族。

⑪中顾私：心里想着个人的私事。

## 【赏析】

诗中描绘了一个武艺高超、具有雄心壮志的北方少年形象。诗歌的开始用"连翩西北驰"的形象传达出少年豪放不羁的精神。接着诗中又极力渲染少年的英气勃勃和高超的武艺，所谓"控弦破左的，右发摧月支"，这位卓尔不凡的少年不仅身手矫健，而且胸怀壮志，他要踏破胡虏，"长驱蹈匈奴，左顾陵鲜卑"，扬汉家精神，字里行间洋溢着一股渴望建功立业的情绪。诗歌的最后几句，表达国家有难，愿意捐躯报国，视死如归，道出了少年的爱国情怀，其实这何尝不是作者内心情怀的体现。

## 【诵读链接】

喜峰口位于唐山市北部迁西县与宽城县接壤处。是燕山山脉东段的隘口，古称卢龙塞，路通南北。汉代曾在此设松亭关，历史悠久。东汉末曹操与辽西乌桓作战，东晋时前燕慕容儁进兵中原，都经由此塞。

# 扶风歌

## 刘　琨

刘琨（271~318 年），字越石，中山魏昌（今河北无极县）人，西汉中山靖王刘胜之后，晋朝政治家、文学家、音乐家和军事家。永嘉之乱后，刘琨据守晋阳近十年，抵御前赵。315 年，刘琨任司空，都督并、冀、幽三州诸军事。不久并州失陷，投奔幽州刺史段匹磾，后被段匹磾杀害。刘琨善文学，通音律，其诗多描写边塞生活。

朝发广莫门①，暮宿丹水山②。
左手弯繁弱③，右手挥龙渊④。
顾瞻望宫阙，俯仰御飞轩⑤。
据鞍长叹息，泪下如流泉。
系马长松下，发鞍⑥高岳头。
烈烈悲风起，泠泠涧水流。
挥手长相谢⑦，哽咽不能言。
浮云为我结，归鸟为我旋。
去家日已远，安知存与亡？
慷慨穷林中，抱膝独摧藏⑧。
麋鹿游我前，猿猴戏我侧。
资粮既乏尽，薇蕨⑨安可食？
揽辔命徒侣，吟啸绝岩中。
君子道微矣，夫子固有穷。
惟昔李骞期，寄在匈奴庭。
忠信反获罪，汉武不见明。
我欲竟⑪此曲，此曲悲且长。
弃置勿重陈⑫，重陈令心伤！

## 【注释】

①广莫门：晋洛阳城北门。

②丹水山：即丹朱岭，在今山西高平县北，丹水发源于此。

③繁弱：古良弓名。

④龙渊：古宝剑名。

⑤御：驾御。飞轩：飞奔的车子。

⑥发鞍：卸下马鞍。

⑦谢：辞别。

⑧摧藏：凄怆，伤心感叹的样子。

⑨薇蕨：一种野菜。

⑩李：指李陵。骞（qiān）：通"愆"。愆期：错过约定期。指汉李陵在武帝天汉二年（前99年），率步卒五千人出征匈奴，匈奴八万士兵围击李陵。李陵战败，并投降

匈奴。汉武帝因此杀了李陵全家。

⑪竟：奏完。

⑫重陈：再次陈述。

## 【赏析】

这首诗主要记叙了诗人刘琨从京城洛阳出发前往并州治所晋阳途中的所思所感，诗歌开头就提到"朝发""暮宿"，诗人清晨从洛阳出发，傍晚已经到达河北，既反映此次行程的紧张，又体现出诗人慷慨赴国难的迫切心情。接着诗歌描写了沿途的风光景色，但这些景色都是为了衬托诗人内心诸多起伏缠绵的活动，这其中既有去国离家、个人前途未卜的迷茫，又有对朝政的不满和深沉的忧虑，更有在乱世之中，自奋自励、为国分忧的责任感。全诗叙述清晰，情真意切，慷慨悲壮。

## 【诵读链接】

丹朱岭，即诗中提到的丹水山，位于山西省晋城高平市北 45 里，与长治市长子县接界，是长治市与晋城市的界山，东西走向，海拔 1131 米。主峰在高平市赵庄乡与长子县交界处。丹朱岭南麓，是高平丹河的发源地。山顶有北魏石窟。

# 归园田居·其一

### 陶渊明

陶渊明（352 或 365~427 年），字元亮，又名潜，私谥"靖节"，世称靖节先生，浔阳柴桑（今江西省九江市）人。东晋末至南朝宋初期伟大的诗人、辞赋家。曾任江州祭酒、建威参军、镇军参军、彭泽县令等职，最末一次出仕为彭泽县令，后弃职归隐田园。他是中国第一位田园诗人，被称为"古今隐逸诗人之宗"，有《陶渊明集》。

少无适俗韵①，性本爱丘山。
误落尘网②中，一去三十年。
羁鸟③恋旧林，池鱼思故渊。

开荒南野际，守拙④归园田。

方宅十余亩，草屋八九间。

榆柳荫⑤后檐，桃李罗堂前。

暧暧⑥远人村，依依⑦墟里烟。

狗吠深巷中，鸡鸣桑树颠。

户庭无尘杂⑧，虚室有余闲。

久在樊笼里，复得返自然。

## 【注释】

①适俗：适应世俗。韵：本性、气质。

②尘网：指尘世，官府生活污浊而又拘束，犹如网罗。

③羁（jī）鸟：笼中之鸟。

④守拙（zhuō）：意思是不随波逐流，固守节操。

⑤荫（yìn）：荫蔽。

⑥暧暧（ài）：昏暗，模糊。

⑦依依：轻柔而缓慢地飘升。

⑧尘杂：尘俗杂事。

## 【赏析】

该诗反映陶渊明辞官归隐后的愉快心情和乡居乐趣，诗歌开头就表达了诗人向往自由自在的田园生活，对于误入官场，违背自己天性充满了懊恼。回归田园后，尽管物质生活并不富裕，所谓"方宅十余亩，草屋八九间。榆柳荫后檐，桃李罗堂前"，但是田园生活自有乐趣，村庄、炊烟、狗吠、鸡鸣无不充满了浓浓的生活气息。作者显然对这种生活状态充满了无比喜悦。从"久在樊笼里，复得返自然"表达出厌恶官场，超脱世俗的美好情操。该诗语言虽冲淡平和，但令人感受到田园之趣。

## 【诵读链接】

晋时东流（今天安徽东至县）属江西彭泽，陶渊明任彭泽县令时，曾住东流种菊，并作《劝农》《九月闲居》等诗篇，故东流又雅称"菊邑"，流经东流的长江谓"菊江"。后人们慕陶公高风亮节，建祠祀之。陶公祠玲珑秀丽，四周松菊掩映，柳枝婆娑。

# 桃花源记

## 陶渊明

晋太元①中，武陵②人捕鱼为业。缘③溪行，忘路之远近。忽逢桃花林，夹岸数百步，中无杂树，芳草鲜美，落英缤纷，渔人甚异之。复前行，欲穷④其林。

林尽水源⑤，便得一山，山有小口，仿佛若有光。便舍船，从口入。初极狭，才通人。复行数十步，豁然开朗。土地平旷，屋舍俨然⑥，有良田美池桑竹之属。阡陌⑦交通，鸡犬相闻。其中往来种作，男女衣着，悉如外人。黄发垂髫⑧，并怡然自乐。

见渔人，乃大惊，问所从来。具答之。便要⑨还家，设酒杀鸡作食。村中闻有此人，咸来问讯。自云先世避秦时乱，率妻子邑人⑩来此绝境，不复出焉，遂与外人间隔。问今是何世，乃不知有汉，无论魏晋。此人一一为具言所闻，皆叹惋。余人各复延至⑪其家，皆出酒食。停数日，辞去。此中人语云："不足为外人道也。"

既出，得其船，便扶⑫向路，处处志⑬之。及⑭郡下，诣太守，说如此。太守即遣人随其往，寻向所志，遂迷，不复得路。

南阳刘子骥，高尚士也，闻之，欣然规⑮往。未果，寻病终，后遂无问津者。

## 【注释】

①太元：东晋孝武帝的年号（376~397年）。

②武陵：郡名，今武陵山区或湖南常德一带。

③缘：顺着、沿着。

④穷：尽。

⑤林尽水源：桃林在溪水发源的地方就没有了。尽：完。

⑥俨（yǎn）然：整齐的样子。

⑦阡陌，田间小路，南北走向的叫阡，东西走向的叫陌。

⑧黄发垂髫（tiáo）：老人和小孩。

⑨要：通"邀"，邀请。

⑩邑人：同乡（县）的人。邑，古代区域单位。《周礼·地官·小司徒》："九夫为井，四井为邑。"

⑪延至：邀请到。延：邀请。至：到。

⑫扶：沿着、顺着。

⑬志：动词，做标记。

⑭及：到达。

⑮规：计划。

## 【赏析】

陶渊明的《桃花源记》描绘了一幅世外桃源的景象，全文以武陵渔人行踪为线索，以发现桃源、桃源生活、难觅桃源构成文章。一方面，该文通过对桃花源的安宁和乐、人们无拘无束自由生活的描绘，表现了作者对美好生活的理想的追求和向往，其实也从侧面反映出作者对现实社会的不满；另一方面，世外桃源再难寻觅，固然令人惋惜，但这正反映出这片神秘的桃花源乃是作者理想之地，内心并不希望有世间之人打扰这片净土的生活。整篇文字构思精巧，描写虚实结合，给读者营造出了梦幻迷离的理想世界。

## 【诵读链接】

一般认为，桃花源的原型在湖南省桃源县。桃花源风景名胜区位于湖南省桃源县西南 15 千米的水溪附近，距常德市 34 千米。桃花源风景名胜区留有新石器时期大溪文化遗存，是《桃花源记》原型地。

# 三峡

## 盛弘之

盛弘之，南朝宋文学家，史学家。曾任临川王刘义庆侍郎，与鲍照友善，曾撰《荆州记》三卷，记述荆州地区的郡县城郭，山水名胜。内容翔实，语言峻洁优美，行文骈散相间，是出色的山水文学作品。

  自三峡七百里中，两岸连山，略无阙处。重岩叠嶂①，隐天蔽
日，自非亭午夜分②，不见曦月③。

  至于夏水襄陵④，沿溯阻绝⑤。或王命急宣，有时朝发白帝，暮到
江陵，其间千二百里，虽乘奔御风，不以疾也。

  春冬之时，则素湍⑥绿潭，回清倒影，绝巘⑦多生怪柏，悬泉瀑
布，飞漱⑧其间，清荣峻茂⑨，良多趣味。

  每至晴初霜旦⑩，林寒涧肃，常有高猿长啸，属引凄异⑪，空谷
传响，哀转⑫久绝。故渔者歌曰："巴东⑬三峡巫峡长，猿鸣三声泪
沾裳。"

## 【注释】

①嶂（zhàng）：形势高险像屏障一样的山峰。

②亭午：正午。亭：正。夜分：半夜。

③曦（xī）月：日月。曦：日光，这里指太阳。

④襄陵：指水漫上山陵。襄：淹上，漫上。陵：山陵。

⑤沿溯阻绝：上行和下行的航道都被阻断，不能通航。

⑥素湍（tuān）：激起白色浪花的急流。素：白色。湍：急流的水。

⑦绝巘（yǎn）：极高的山峰。绝：极。巘：极高的山峰。

⑧飞漱：飞速地往下冲荡。漱：冲荡。

⑨清荣峻茂：水清树荣，山高草盛。荣：茂盛。

⑩霜旦：下霜的早晨，指秋季。

⑪属（zhǔ）：动词，连接。引：延长。凄异：凄惨悲凉。

⑫哀转久绝：声音悲哀婉转，很久才消失。

⑬巴东：汉郡名，在今重庆东部云阳、奉节、巫山一带。

## 【赏析】

  本文描写了三峡壮美的自然风貌。作者抓住三峡景物的主要特点进行描写。三峡两
岸的山连绵不断、遮天蔽日；三峡之水，四季不同。夏天，江水暴涨，阻碍了来往的船
只；春冬时节，雪白的激流，碧绿的潭水，回旋的清波，美丽的倒影，使作者禁不住赞

叹"良多趣味";秋天，则"林寒涧肃，常有高猿长啸"，那凄异的叫声持续不断，在空旷的山谷里"哀转久绝"。三峡的奇异景象，被描绘得淋漓尽致。总之，本文思路清晰，语言生动明快，充分展示了三峡的雄伟壮丽景象。

## 【诵读链接】

长江三峡又名峡江或大三峡，位于重庆市、恩施州、宜昌市地区境内的长江干流上，西起重庆市奉节县的白帝城，经过湖北省恩施，东至宜昌市的南津关，全长193千米，由瞿塘峡、巫峡、西陵峡组成。长江三峡位于中国的腹地，属亚热带季风气候区，跨重庆奉节、重庆巫山、湖北巴东、湖北秭归、湖北宜昌。

# 登池上楼

## 谢灵运

谢灵运（385~433年），原名公义，字灵运，以字行于世。南北朝时期杰出的诗人、文学家、旅行家。谢灵运出身陈郡谢氏，祖籍陈郡阳夏（今河南太康县），生于会稽始宁（今绍兴市嵊州市三界镇）。为东晋名将谢玄之孙，东晋时世袭为康乐公，世称谢康乐。其诗与颜延之齐名，并称"颜谢"，开创了中国文学史上的山水诗派。

潜虬媚幽姿①，飞鸿响远音。
薄霄②愧云浮，栖川怍渊沉③。
进德智所拙，退耕力不任。
徇禄反穷海④，卧疴⑤对空林。
衾枕昧节候⑥，褰开暂窥临⑦。
倾耳聆波澜，举目眺岖嵚⑧。
初景革绪风⑨，新阳改故阴。
池塘生春草，园柳变鸣禽。
祁祁伤豳歌，萋萋感楚吟。
索居易永久⑪，离群难处心⑫。
持操岂独古，无闷征在今。

## 【注释】

①潜虬（qiú）：潜龙。虬：传说中有两角的小龙。媚：喜爱，此有自我怜惜之意。幽姿：潜隐的姿态。这里喻隐士。

②薄霄：迫近云霄。

③栖川：栖息水中。怍（zuò）：惭愧。渊沈：指深潜水中的虬龙。

④狥（xún）禄：追求俸禄。狥，谋求。反，同"返"。穷海：边远荒僻的滨海地区，指永嘉。

⑤卧痾（ē）：卧病。

⑥衾（qīn）：被子。昧节候：不明季节变化。

⑦褰（qiān）开：拉开，指拉开窗帘。窥临：临窗眺望。

⑧岖嵚（qū qīn）：山岭高耸险峻的样子。

⑨初景：初春的日光。景：同"影"。革：清除。绪风：冬日残余的寒风。

⑩新阳：指春。故阴：指冬天。

⑪索居：离群独居。易永久：容易觉得时间长久。

⑫难处心：难以安心做到。

## 【赏析】

本诗主要描写诗人登楼眺望时的感想，全诗前八句抒发诗人对现实官场的失意和无奈情绪。"潜虬"喻意隐士，而"飞鸿"象征功成名就之士，诗人自认为自己都无法做到这二者，只能偏居海隅，卧病在床；中八句描绘作者登楼远望所见的景物，诗人敏锐地察觉因季节变化造成自然景物变化，"池塘生春草，园柳变鸣禽"一句使得整首诗歌生机盎然，也反映出诗人情绪在春意的感染下，发生了细微的变化；后六句引用典故，诗人情绪又趋于感伤，并表达了出归隐的想法。

## 【诵读链接】

池上楼位于温州市鹿城区五马街道中山公园积谷山西麓，为纪念南朝诗人谢灵运所建造，因其有名句"池塘生春草，园柳变鸣禽"传世，后人遂称该楼为"池上楼"。

# 晚登三山还望京邑

## 谢 朓

　　谢朓（464~499年），字玄晖，陈郡阳夏（今河南太康县）人。南朝齐著名的山水诗人，出身士族，与谢灵运同族，世称"小谢"。曾任宣城太守，又称谢宣城。曾与沈约等共创"永明体"。今存诗二百余首，多描写自然景物，间亦直抒怀抱，诗风清新秀丽，圆美流转，善于发端，时有佳句；又平仄协调，对偶工整，开启唐代律绝之先河。

灞涘①望长安，河阳视京县②。
白日丽飞甍③，参差皆可见。
余霞散成绮，澄江静如练④。
喧鸟覆春洲，杂英满芳甸。
去矣方滞淫⑤，怀⑥哉罢欢宴。
佳期怅何许⑦，泪下如流霰⑧。
有情知望乡，谁能鬒⑨不变？

【注释】

①灞（bà）涘（sì）：灞：水名，源出陕西蓝田，流经长安城东。涘：水边。

②河阳：故城在今河南梦县西。京县：指西晋都城洛阳。

③丽：使动用法，这里有"照射使……色彩绚丽"的意思。飞甍（méng）：上翘如飞翼的屋脊。甍：屋脊。

④练：洁白的绸子。

⑤方：将。滞淫：久留，淹留。

⑥怀：想念。

⑦佳期：指归来的日期。怅：惆怅。

⑧霰（xiàn）：小雪珠。

⑨鬒（zhěn）：黑发。

## 【赏析】

本诗是南朝诗人谢朓的代表作。此诗主要抒发作者对故乡的思念之情。诗歌前两句描写作者登山临江遥望京师，仿佛城中景象历历在目，其实表达出其不舍之情。接下来六句描绘登山所望见的江天景色，其中"余霞散成绮，澄江静如练"是名句，气氛宁谧，使人眼前浮现出一幅春晚江边夕阳西下的美丽场景。最后六句写情，尽管春江如画，却难以化解诗人心中烦恼，尤其是那种远离故乡，前途未卜的迷茫和忧愁，使得诗人不禁泪如细雨，感慨万千。总之，本诗笔触细腻，情景交融。

## 【诵读链接】

南朝诗人遥望的京师就是建康，建康是南京在六朝时期的名称，孙吴、东晋、刘宋、萧齐、萧梁、陈朝六代京师之地，石头城位于南京市鼓楼区，是一处六朝时期的著名遗迹，遗址位于现清凉山一带，有"东吴第一军事要塞"之称。它扼守秦淮河与长江的交汇口，"因山以为城，因江以为池，地形险固，尤有奇势"，是保障建康城西部安全的军事重镇，也是六朝时期兵家必争之地。

# 与朱元思书

## 吴　均

吴均（469~520年），字叔庠，吴兴故鄣（今浙江安吉）人。生于宋明帝泰始五年（469年），卒于梁武帝普通元年（520年）。南朝梁时期的文学家。好学有俊才，其诗文深受沈约的称赞。其诗清新，且多为反映社会现实之作。其文工于写景，诗文自成一家，常描写山水景物，称为"吴均体"，开创一代诗风。

风烟俱净①，天山共色。从流飘荡②，任意东西③。自富阳至桐庐一百许里，奇山异水，天下独绝。

水皆缥碧④，千丈见底。游鱼细石，直视无碍。急湍⑤甚箭，猛浪若奔。

夹岸高山，皆生寒树，负势竞上⑥，互相轩邈⑦，争高直指，千百成峰。泉水激石，泠泠作响；好鸟相鸣，嘤嘤成韵。蝉则千转不穷，猿则百叫无绝。鸢飞戾天⑧者，望峰息心；经纶世务⑨者，窥谷忘反。横柯上蔽⑩，在昼犹昏；疏条交映，有时见日。

## 【注释】

①风烟俱净：烟雾都消散尽净。风烟：指烟雾。俱：全，都。净：消散尽净。

②从流飘荡：乘船随着江流漂荡。从：顺，随。

③任意东西：情境任凭船按照自己的意愿，时而向东，时而向西。

④缥（piǎo）碧：青白色。

⑤急湍（tuān）：急流的水。

⑥负势竞上：高山凭依高峻的地势，争着向上。

⑦轩邈（miǎo）：意思是这些高山仿佛都在争着往高处和远处伸展。轩：向高处伸展。邈，向远处伸展。

⑧鸢（yuān）飞戾（lì）天：老鹰高飞入天，这里比喻追求名利极力攀高的人。鸢，俗称老鹰，善高飞，是一种凶猛的鸟。戾：至。

⑨经纶（lún）世务者：治理社会事务的人。经纶：筹划、治理。世务：政务。

⑩横柯（kē）上蔽：横斜的树木在上面遮蔽着。柯：树木的枝干。

## 【赏析】

本文主要描绘了富春江美丽的水光山色。作者首先抓住江水的主要特点，描写了江水的清澈，所谓"水皆缥碧，千丈见底"；江水的湍急，"急湍甚箭，猛浪若奔"。接着作者描绘了两岸的高山，山上有高大茂密的树木，为了衬托出"鸟鸣山更幽"的环境，作者充分调动听觉感官，捕捉到了泉、鸟、蝉、猿发出的声音，这些自然的声音为幽静的山间平添了无限生机。总之，吴均的描写，使人身临其境，既领略了富春江的山水之美，又感受到作者本人高雅的生活情趣。

## 【诵读链接】

富春江是浙江省中部河流。为钱塘江建德市梅城镇下至萧山区闻家堰段的别称。长110公里，流贯浙江省桐庐、富阳两县区。富春江两岸山色清翠秀丽，江水清碧见底，素以水色佳美著称，更有许多兼具浓郁地方特色的村落和集镇。

# 长干行①·其一

## 李 白

李白（701~762年），字太白，号青莲居士，被后人誉为"诗仙"。祖籍陇西成纪（待考），出生于西域碎叶城。有《李太白集》等传世。

妾发初覆额，折花门前剧②。
郎骑竹马来，绕床③弄青梅。
同居长干里，两小无嫌猜。
十四为君妇，羞颜未尝开。
低头向暗壁，千唤不一回。
十五始展眉④，愿同尘与灰。
常存抱柱信⑤，岂上望夫台⑥。
十六君远行，瞿塘滟滪堆⑦。
五月不可触，猿声天上哀。
门前迟行迹，一一生绿苔。
苔深不能扫，落叶秋风早。
八月蝴蝶黄，双飞西园草。
感此伤妾心，坐愁红颜老。
早晚下三巴⑧，预将书报家。
相迎不道远，直至长风沙⑨。

## 【注释】

①长干行：乐府旧题《杂曲歌辞》调名，原为长江下游一带民歌，其源出于《清商西曲》，内容多写船家妇女的生活。行：古诗的一种体裁。

②剧：游戏。

③床：这里指坐具。

④始展眉：意谓才懂得些人事，感情也在眉宇间显现出来。

⑤抱柱信：相传古代有个叫尾生的人，与一女子约会于桥下，届时女子不来，潮水却至，尾生为表示自己的信实，结果抱着桥柱，被水淹死。事见《庄子·盗跖》。《战国策·燕策》也以此为信行的范例。

⑥望夫台：丈夫久出不归，妻子便在台上眺望，日久变成一块石头。王琦注引苏辙《栾城集》，说是在忠州（今重庆市忠县）南。

⑦瞿塘：峡名，长江三峡之一，在重庆市奉节县东。滟滪堆：瞿塘峡口的一块大礁石。每年阴历五月，江水上涨，滟滪堆被水淹没，船只不易辨识，易触礁致祸，故下云不可触。古乐府也有"滟滪大如襆，瞿塘不可触"语。

⑧三巴：指巴郡、巴东、巴西，在重庆市和湖北省。

⑨长风沙：地名，在今安徽省安庆市东的江边上。据陆游《入蜀记》说，自金陵（南京）至长风沙有七百里。地极湍险。

## 【赏析】

这首诗通过一个女主人的口吻，描写她对经商在外的丈夫的怀恋。开头六句写一个额前覆着刘海的小女孩拿着一枝花在门前嬉戏，一个扎着丫角的小男孩，跨着竹马跑跑跳跳。两个小娃娃围着床边，摆弄梅子，玩过家家的游戏。接着写二人从"两小无猜"到"羞言不开"的新婚生活。第二节写眉宇间成熟了，期望夫妻永远厮守，两不分离。但"望夫台"又暗示不祥预感。第三节以当事人口吻写对"君远行"的担心。接着是浓墨重笔写闺中少妇的离情别绪，以蝴蝶双飞反衬闺人的孤独。最后一段写满腔离愁的少妇构想出自己远远跑到长风沙去迎接丈夫，才能解相思之苦。全篇通过人物的独白，辅以景物相衬，把叙事、写景、抒情巧妙地融为一体，诗的情调爽朗明快，真挚动人，具有故事性。本诗写儿女情事萦迂曲折，一往情深。

## 【诵读链接】

唐代诗人多次歌咏的"长干里"，遗址在今南京雨花路和中华门城堡的西侧。长干里地势高亢，雨花台陈于前，秦淮河卫其后，大江护其西，又是秦淮河的入江通道，攻守皆宜。至秦汉、六朝时期，长干里已是南京最繁华的地方，是著名的商业区和货物集散地。另外，长干里还是南京佛教中心。南京寺庙"建初寺"就位于此，目的在于安置西域僧人康僧会和他带来的佛骨。建初寺中的阿育王塔，就是放置佛骨的地方。

# 望岳

## 杜 甫

杜甫（712~770 年），字子美，自号少陵野老，世称"杜工部"。河南府巩县（今河南省巩义市）人，唐代伟大的现实主义诗人被世人尊为"诗圣"，其诗被称为"诗史"。759~766 年间曾居成都，后世有杜甫草堂纪念。

岱宗①夫如何，齐鲁②青未了。
造化钟③神秀，阴阳割昏晓。
荡胸生曾④云，决眦⑤入归鸟。
会当凌绝顶，一览众山小。

## 【注释】

①岱宗：即泰山。《风俗通·山泽篇》："泰山，山之尊者，一曰岱宗。岱，始也；宗，长也。"②齐鲁：在今山东省境内。
③钟：聚集。
④曾：同"层"。
⑤眦：眼眶。

## 【赏析】

本诗是一首咏泰山的五言古诗。开头自问自答，以"齐鲁青未了"五字囊括数千里，十分雄阔。三、四句写泰山钟灵毓秀，景色优美，而山南山北如同被分割为黄昏与白昼，极写泰山之阔。五、六句写山中冉冉升起的云霞，荡涤着诗人的心灵，极目追踪那暮归的鸟儿隐入山林。最后两句写诗人定要登顶泰山，俯瞰众山，那时众山就会显得极为渺小。全诗没有一个"望"字，但句句写向岳而望。距离是自远而近，时间是从朝至暮，并由望岳畅想将来的登岳。此诗被后人誉为"绝唱"，并刻石为碑，立在山麓。

## 【诵读链接】

中国古代神话传说中，盘古死后，头为东岳，左臂为南岳，右臂为北岳，足为西岳。泰山自成五岳之首。古代传统文化认为，东方为万物交替、初春发生之地，故泰山有"五岳之长"、"五岳独尊"的称誉。自古以来就崇拜泰山，有"泰山安，四海皆安"的说法。秦汉之后，泰山逐渐成为政权的象征。古代历朝历代不断在泰山封禅和祭祀，并在泰山上下建庙塑神，刻石题字。

# 终南山①

## 王 维

王维（701~761年），字摩诘，祖籍山西祁县，有"诗佛"之称。苏轼评价其："味摩诘之诗，诗中有画；观摩诘之画，画中有诗。"是盛唐诗人的代表，与孟浩然合称"王孟"。

太乙②近天都③，连山接海隅。
白云回望合，青霭④入看无。
分野⑤中峰变，阴晴众壑⑥殊。
欲投人处宿，隔水问樵夫。

## 【注释】

①终南山：在长安南五十里，秦岭主峰之一。古人又称秦岭山脉为终南山。秦岭绵延八百余里，是渭水和汉水的分水岭。

②太乙：又名太一，秦岭之一峰。唐人每称终南山一名太一，如《元和郡县志》："终南山在县（京兆万年县）南五十里。按经传所说，终南山一名太一，亦名中南。"

③天都：天帝所居，这里指帝都长安。

④青霭：山中的岚气。霭：云气。

⑤分野：古天文学名词。古人以天上的二十八个星宿的位置来区分中国境内的地域，被称为分野。地上的每一个区域都对应星空的某一处分野。

⑥壑：山谷。"分野中峰变，阴晴众壑殊"这两句是说终南山连绵延伸，占地极广，

中峰两侧的分野都变了，众山谷的天气也阴晴变化，各自不同。

## 【赏析】

本诗是咏终南山的七律，写尽名山胜概。首联写遥望终南山所见轮廓，太乙峰高接天际，长连海隅，气势雄伟。次联写近景，回望处，白云已合，入看时，青霭却无。第三联写终南山全景，诗人立足中峰，以中峰南北属于不同分野来表现终南山辽阔，以阳光或浓或淡、或有或无来表现千岩万壑的千姿百态。尾联写诗人隔水遥问樵夫，想投宿山中，明日再游。全诗意境清新、宛若一幅山水画，达到了"以少总多""意余于象"的艺术效果。

## 【诵读链接】

终南山是道教全真派发祥地。据传楚康王时，尹喜为函谷关关令，于终南山中结草为楼，每日登草楼观星望气。一日忽见紫气东来，他预感必有圣人经过此关，于是守候关中。不久一位老者骑青牛而至，原来是老子西游入秦。尹喜忙把老子请到楼观，执弟子礼，请其讲经著书。老子在楼南的高岗上为尹喜讲授《道德经》五千言，然后飘然而去。传说今天楼观台的说经台就是当年老子讲经之处。楼观台留存有不少珍贵的碑刻，如唐代欧阳询撰书《大唐宗圣观记碑》、宋代米芾行书《第一山》、苏轼行书《游楼观台题字》等。

# 黄鹤楼①

### 崔 颢

崔颢（704~754年），汴州人（今河南开封市人），唐开元年间进士，最为人们津津乐道的是他那首《黄鹤楼》，据说李白为之搁笔，曾有"眼前有景道不得，崔颢题诗在上头"的赞叹。

昔人已乘黄鹤去，此地空余黄鹤楼。
黄鹤一去不复返，白云千载空悠悠②。

晴川③历历汉阳树，芳草萋萋④鹦鹉洲⑤。
日暮乡关何处是？烟波江上使人愁。

## 【注释】

①黄鹤楼：三国吴黄武二年修建。为古代名楼，旧址在湖北武昌黄鹤矶上，俯见大江，面对大江彼岸的龟山。

②悠悠：飘荡的样子。

③晴川：阳光照耀下的晴明江面。川：平原。

④萋萋：形容草木茂盛。

⑤鹦鹉洲：在湖北省武昌县西南，根据后汉书记载，汉黄祖担任江夏太守时，在此大宴宾客，有人献上鹦鹉，故称鹦鹉洲。

## 【赏析】

本诗是崔颢登黄鹤楼所题的一首写景抒情的七律。首联写古人已乘黄鹤仙去，此地空留黄鹤楼这一古迹；颔联写黄鹤一去不复返，所能见到的只是悠悠白云，虽然事隔千年，白云却依然如故。颈联描写黄鹤楼上所见景色：远望晴朗的大江对岸，汉阳的树木历历可见，江中则鹦鹉洲上春草萋萋，更是看得清楚。尾联写日暮时分，想眺望得更远些，看看故乡在何处，无奈江面却被重重烟雾笼罩而看不清楚，顿使诗人充满愁绪。此诗前两联运用双举写法，没有遵守格律要求，一气呵成，虽连用了三次"黄鹤"，却不显重复呆滞。后两联转为律诗写作，点出旅客游子的乡愁。全诗流利自然，主题鲜明，毫无斧凿痕迹，是咏黄鹤楼的名篇佳作。

## 【诵读链接】

黄鹤楼位于湖北省武汉市长江南岸的武昌蛇山之巅，濒临万里长江，自古享有"天下江山第一楼"和"天下绝景"之称。

黄鹤楼楼外铸铜黄鹤造型、胜像宝塔、牌坊、轩廊、亭阁等一批辅助建筑，将主楼烘托得更加壮丽。主楼周围还建有白云阁、象宝塔、碑廊、山门等建筑。整个建筑具有独特的民族风格，散发出中国传统文化的精神、气质、神韵。

# 与高适薛据同登慈恩寺浮图①

## 岑 参

岑参（约715~770年），南阳人，后徙居江陵。岑参早岁孤贫，从兄就读，遍览史籍。唐玄宗天宝三载（744年）进士，初为率府兵曹参军。后两次从军边塞，是唐代著名边塞诗人。

塔势如涌出，孤高耸天宫。
登临出世界，磴②道盘虚空。
突兀③压神州，峥嵘如鬼工④。
四角碍白日，七层摩苍穹。
下窥指高鸟，俯听闻惊风。
连山若波涛，奔凑似朝东。
青槐夹驰道，宫观何玲珑。
秋色从西来，苍然满关中⑤。
五陵⑥北原上，万古青濛濛。
净理了可悟，胜因⑦夙所宗。
誓将挂冠⑧去，觉道⑨资无穷。

## 【注释】

①浮图：原是梵文佛陀的音译，这里指佛塔。慈恩寺浮图：即今西安市的大雁塔。

②磴：石级。

③突兀：高耸貌。

④峥嵘：形容山势高峻。鬼工：非人力所能。

⑤关中：指今陕西中部地区。

⑥五陵：指汉代五个帝王的陵墓，即高祖长陵、惠帝安陵、景帝阳陵、武帝茂陵及昭帝平陵。

⑦胜因：佛教因果报应中极好的善因。

⑧挂冠：辞官归隐。

⑨觉道：佛教的达到消除一切欲念和物我相忘的大觉之道。

## 【赏析】

这首诗是诗人与好友登大雁塔时所作。前二句写未登之前仰望全塔；三、四句写登塔；五至八句写塔之高耸雄峻。九、十句写由上俯瞰；十一至十八句，写在塔顶向东南西北各方所见的景物。最后四句写忽悟"净理"，甚至想"挂冠"而去。诗在描摹大雁塔的巍峨高大方面，可谓匠心独运。"如涌出""耸天宫""碍白日""摩苍穹"等，语出惊人，令人有身临其境之感。诗人勾勒出宝塔孤高危耸之貌，并通过对四方之景的描绘寄托着诗人对大唐王朝由盛而衰的忧思，想挂冠而去，追求无穷无尽的大觉之道。

## 【诵读链接】

大雁塔是唐长安城保留至今的标志之一。大雁塔坐落在慈恩寺内，故又名"慈恩寺塔"。唐贞观年间，太子李治为追念其生母文德皇后（即长孙氏）祈求冥福，报答慈母恩德，奏请太宗敕建佛寺，赐名"慈恩寺"。寺建成之初，迎请高僧玄奘担任上座法师，玄奘于此创立了大乘佛教法相宗，亦称唯识宗，是中国大乘佛教的圣地。

大雁塔建成后，唐代凡新科进士及第，除戴花骑马遍游长安之外，还要曲江流饮作诗品评，登临大雁塔题名。

# 滕王阁序

## 王 勃

王勃（约650~676年），字子安。绛州龙门（今山西河津）人。王勃与杨炯、卢照邻、骆宾王齐名，世称"初唐四杰"，王勃是"初唐四杰"之首。

时维九月，序属三秋①。潦水②尽而寒潭清，烟光凝而暮山紫。俨骖騑于上路③，访风景于崇阿④。临帝子之长洲，得天人之旧馆。层峦耸翠，上出重霄；飞阁流丹，下临无地。鹤汀凫渚，穷岛屿之萦回；

桂殿兰宫，即冈峦之体势。

披绣闼⑤，俯雕甍⑥，山原旷其盈视，川泽纡其骇瞩。闾阎扑地，钟鸣鼎食之家；舸舰弥津，青雀黄龙之舳⑦。云销雨霁，彩⑧彻区明。落霞与孤鹜齐飞，秋水共长天一色。渔舟唱晚，响穷彭蠡⑨之滨，雁阵惊寒，声断衡阳⑩之浦。

遥襟甫畅，逸兴遄⑪飞。爽籁⑫发而清风生，纤歌凝而白云遏。睢园绿竹⑬，气凌彭泽⑭之樽；邺水⑮朱华，光照临川⑯之笔。四美⑰具，二难⑱并。穷睇眄于中天，极娱游于暇日⑲。天高地迥，觉宇宙之无穷；兴尽悲来，识盈虚⑳之有数。望长安于日下，目吴会于云间㉑。地势极而南溟㉒深，天柱高而北辰远。关山难越，谁悲失路之人；萍水相逢，尽是他乡之客。怀帝阍㉓而不见，奉宣室㉔以何年？

## 【注释】

①三秋：古人称七、八、九月为孟秋、仲秋、季秋，三秋即季秋，九月。

②潦水：雨后的积水。

③俨（yǎn）：此指昂首，昂头。骖騑（cān fēi）：驾在服马两侧的马。上路：高高的大路。

④崇阿（chóng ē）：高丘，高山。

⑤绣闼（xiù tà）：装饰华丽的门。

⑥雕甍（diāo méng）：雕镂文采的殿亭屋脊。

⑦闾（lú）阎：里门，这里代指房屋。青雀黄龙：船的装饰形状。舳：通"舳（zhú）"，船尾把舵处，这里代指船只。

⑧彩：日光。

⑨彭蠡：古代大泽，即今鄱阳湖。

⑩衡阳：今属湖南省，境内有回雁峰，相传秋雁到此就不再南飞，待春而返。

⑪遄：迅速、顿时。

⑫爽籁：管子参差不齐的排箫。一说清风激物之声。

⑬睢园绿竹：睢（suī）园，即汉梁孝王菟园。《水经注》："睢水又东南流，历于竹圃……世人言梁王竹园也。"

⑭彭泽：县名，在今江西湖口县东。陶渊明曾官彭泽县令，世称陶彭泽。

⑮邺水：在邺下（今河北省临漳县）。邺下是曹魏兴起的地方。朱华：荷花。

⑯临川，郡名，治所在今江西省抚州市。在此指南朝宋谢灵运。

⑰四美：指良辰、美景、赏心、乐事。另一说，四美：音乐、饮食、文章、言语之美。

⑱二难：指贤主、嘉宾难得。

⑲睇眄（dì miǎn）：眼望，顾盼，斜视。极娱：尽兴。暇日：闲暇之日。

⑳盈虚：盈盛与虚衰，兴盛与衰败。

㉑吴会：吴郡，治所在今江苏省苏州市。云间：江苏松江县（古华亭）的古称。

㉒南溟，南方的大海。

㉓帝阍（hūn）：天帝的守门人。又借指天门。

㉔奉宣室：贾谊迁谪长沙四年后，汉文帝复召他回长安，于宣室中问鬼神之事。宣室，汉未央宫正殿，为皇帝召见大臣议事之处。

## 【赏析】

本节选自原文第二部分，紧扣"秋日""登滕王阁"六字来写，描绘了一幅滕王阁秋景图。本文所选片段最能体现此文写景方面的特点。一是色彩变化。如"潦水尽而寒潭清，烟光凝而暮山紫"一句，不仅细摹静态色彩描写，更着力表现水光山色之变化，被前人誉为"写尽九月之景"之句。二是远景近景变化。"鹤汀凫渚"四句写阁四周景物，是近景；"山原旷其盈视"二句写山峦、平原、河流和湖泽，是中景；"云销雨霁"以下则是水天浩淼的远景。这种写法，是《滕王阁序》写景最突出的特点，层次分明，绘景细致。三是上下相映成趣。"层峦耸翠"四句，借视角变化，写出天上地下，城里城外，相与为一，相映成趣。而"落霞与孤鹜齐飞，秋水共长天一色"更是写景名句，水天相接，浑然天成。四是虚实相衬。"渔舟唱晚"四句，借听觉联想，用虚实手法描绘远方的景观，视通万里。实写虚写，相互谐调，相互映衬。《滕王阁序》一脱六朝骈文纤丽绮靡，空洞无物习气，写出秀丽如画的风景，寥廓雄壮的山川，情景俱佳，声色并陈，实属骈文精品。

## 【诵读链接】

滕王阁坐落于赣水之滨，在古代被人们看作是吉祥风水建筑。古谣云："藤断葫芦剪，塔圮豫章残。""藤"谐"滕"音，指滕王阁；"葫芦"，乃藏宝之物；"塔"，指绳金塔；"圮"，倒塌之意；"豫章"亦即南昌。这首古谣的意思是，如果滕王阁和绳金塔倒塌，豫章城中的人才与宝藏都将流失，城市亦将败落，不复繁荣昌盛。可见滕王阁在世人心目中占据的重要地位。同时，滕王阁也是古代储藏经史典籍的地方，从某种意义上来说是古代的图书馆。而封建士大夫们迎送和宴请宾客也多喜欢在此。

# 陋室铭

## 刘禹锡

刘禹锡（772~842年），字梦得，彭城人，祖籍洛阳。唐代中晚期著名诗人，有"诗豪"之称。

　　山不在高，有仙则名。水不在深，有龙则灵。斯是陋室，惟吾德馨。苔痕上阶绿，草色入帘青。谈笑有鸿儒，往来无白丁①。可以调素琴②，阅金经③。无丝竹④之乱耳，无案牍之劳形。南阳诸葛庐⑤，西蜀子云亭。孔子云：何陋之有⑥？

## 【注释】

①白丁：这里指没有文化的人。
②调素琴：即弹琴。调：抚弄乐器。素琴：朴素无华的琴。
③阅金经：读佛经。金经：古代用混金（一种金色颜料）书写的佛经。
④丝竹：弦乐器和管乐器。
⑤南阳诸葛庐：诸葛亮隐居南阳（今湖北襄阳西）时居住的草房。西蜀子云亭，西汉学者和辞赋家扬雄（字子云）在成都的住所，又称"草玄堂"，因扬雄在这里写作《太玄》一书而得名。
⑥何陋之有：即"有何陋"，有什么简陋可言呢？《论语·子罕》说：孔子打算到东方少数民族地方去居住，有人劝他不要去，说那个地方太简陋，孔子回答说："君子居之，何陋之有？"

## 【赏析】

　　"铭"是古代刻在器物上用来警诫自己或者称述功德的一种文体。刘禹锡被贬安徽和州时，受到知县刁难搬家三次，最后一次是仅能容一床、一桌、一椅的斗室。刘禹锡激愤之余写下本文。开篇以山水起兴，水不在深，有仙龙即可出名，因此居所虽然简陋，却因主人的有"德"而"馨"。接着反向立意，通过对居室交往人物生活情趣的描绘，极力描写"陋室"不陋。结尾以孔子之言结语，强调"陋室"不陋。全篇表达了高洁傲岸的节操，流露出安贫乐道的隐逸情趣。从艺术手法看，运用了对比、借代、对偶等修辞手法，又以骈句为主，句式整齐，声律优美，读来金石掷地又自然流畅。

## 【诵读链接】

《陋室铭》流传千古，陋室亦因之而名闻天下。刘禹锡当年的陋室位于安徽和县城中，3幢9间呈品字状的房屋，斗拱飞檐，白墙黑瓦，典雅古朴，静谧灵秀。石铺小院绿茵遍地，松竹迎人，含英蕴秀，令人似乎嗅到浓郁的翰墨馨香。院内东侧小巧精致的亭内，立有"《陋室铭》碑石"，上刻流传千年的《陋室铭》全文，字为书法家孟繁青所书，风骨端凝，清秀悦目。主室正中，有刘禹锡立像一尊，潇洒庄重，上悬"政擢贤良"匾额。

# 钴鉧潭西小丘记

## 柳宗元

柳宗元（773~819年），字子厚，唐代河东（今山西运城）人，唐宋八大家之一，后人将其作品辑为《柳河东集》。柳宗元与韩愈同为中唐古文运动领导人物，并称"韩柳"。

丘之小不能一亩，可以笼而有之。问其主，曰："唐氏之弃地，货①而不售。"问其价，曰："止四百。"予怜而售之。李深源、元克己时同游，皆大喜，出自意外。即更取器用，铲刈②秽草，伐去恶木，烈火而焚之。嘉木立，美竹露，奇石显。由其中以望，则山之高，云之浮，溪之流，鸟兽之遨游，举熙熙然③回巧④献技⑤，以效⑥兹丘之下。枕席而卧，则清泠⑦之状与目谋⑧，瀯瀯⑨之声与耳谋，悠然而虚者与神谋，渊然而静者与心谋。不匝⑩旬而得异地者二，虽古好事⑪之士，或未能至焉。

## 【注释】

①货：卖，出售。

②刈（yì）：割。

③熙熙然：和悦的样子。

④回巧：呈现巧妙的姿态，

⑤技：指景物姿态的各自的特点。

⑥效：效力，尽力贡献。

⑦清泠（líng）：形容景色清凉明澈。

⑧谋：这里是接触的意思。

⑨潆潆（yíng yíng）：象声词，像水回旋的声音。

⑩匝（zā）旬：满十天。匝：周。旬：十天为一旬。

⑪好（hào）事：爱好山水。

## 【赏析】

　　本文节选自柳宗元被贬永州时所写得山水游记《永州八记》中的第三篇。选文描写了景色殊佳的小丘成为"唐氏之弃地"，虽贱价出售却连年无人问津，然而最终得作者赏识。作者用寥寥数语描绘了他发现小丘，整治小丘，创造小丘的全过程。回顾小丘的命运，作者不禁心生感慨，小丘放在帝京则为名胜，而在远州则为弃地，抒发了自己被唐王朝摈弃蛮荒，不得援引的痛苦。永州山水，在柳宗元之前，并不为世人所知。但是这些偏居荒芜的山水景致，在柳宗元的笔下，却表现出高旷之美，使寂寥冷落的永州山水给人以气势磅礴之感。

## 【诵读链接】

　　钴鉧潭因柳宗元的《永州八记》而得名，现位于湖南省永州市芝山区（现零陵区）柳子街旁的愚溪之中。"潭"就是"渊"，南方方言叫"潭"，钴鉧潭的形状是圆的，好像一个钴（圆形的熨斗），故取名为"钴鉧潭"

# 隋宫①

## 李商隐

李商隐（约813~858年），字义山，号玉谿生、祖籍河内（今河南省焦作市沁阳）。其诗构思新奇，风格秾丽，尤其是一些爱情诗和无题诗写得缠绵悱恻，优美动人，广为传诵。但部分诗歌过于隐晦迷离，难于索解，至有"诗家总爱西昆好，独恨无人作郑笺"之说。

> 紫泉②宫殿锁烟霞，欲取芜城作帝家③。
> 玉玺④不缘归日角，锦帆⑤应是到天涯。
> 于今腐草无萤火⑥，终古垂杨⑦有暮鸦。
> 地下若逢陈后主，岂宜重问后庭花⑧。

## 【注释】

①隋宫：指隋炀帝杨广在江都（今江苏扬州市）所建的行宫。

②紫泉：即紫渊，长安河名，因唐高祖名李渊，为避讳而改。司马相如《上林赋》描写皇帝的上林苑"丹水亘其南，紫渊径其北"。此用紫泉宫殿代指隋朝京都长安的宫殿。锁烟霞：空有烟云缭绕。

③芜城：即广陵（今扬州）。帝家：帝都。

④玉玺（xǐ）：皇帝的玉印。日角：额角突出，古人以为此乃帝王之相。此处指唐高祖李渊。

⑤锦帆：隋炀帝所乘的龙舟。

⑥腐草无萤火：《礼记·月令》："腐草为萤。"古人以为萤火虫是腐草变化出来的。

⑦垂杨：隋炀帝自板诸引河达于淮，河畔筑御道，树以柳，名曰隋堤，一千三百里。《开河记》："诏民间有柳一株赏一缣，百姓争献之。又令亲种，帝自种一株，群臣次第种栽毕，帝御笔写赐垂杨柳姓杨，曰杨柳也。"

⑧"地下"二句：陈后主：南朝陈末代皇帝陈叔宝，荒淫亡国之君。后庭花：即《玉树后庭花》，陈后主所创，歌词绮艳。

## 【赏析】

首联以"烟霞"映衬长安宫殿巍峨壮丽，但隋炀帝却空锁不住，而更置扬州，别建宫殿。颔联写如果不是隋炀帝穷奢极欲导致亡国，其龙舟会游到天涯那么远。颈联写杨广游乐的两个故事，放萤和栽柳。并把"萤火"与"腐草""垂杨"与"暮鸦"联系起来，一有一无形成鲜明对比。尾联写杨广与陈后主梦中相遇之事，《后庭花》被后人斥为亡国之音，诗人以假设、反诘语气暗示杨广目睹陈叔宝荒淫亡国却不吸取教训，重蹈其覆辙。本诗用词以实词为主，加以虚词斡旋其间，取得了既整饬工严又流动活泼的艺术效果。

## 【诵读链接】

隋炀帝陵，位于扬州市邗江区槐泗镇槐二村。隋炀帝杨广（569—618 年），在位十四年。初殡于江都宫流珠堂，后葬吴公台下，唐平江南后，以帝礼改葬雷塘现址。清嘉庆十二年（1807 年）大学士阮元为其立碑建石，扬州知府伊秉绶隶书"隋炀帝陵"。

# 过华清宫①·其一

## 杜 牧

杜牧（803~ 约852 年），字牧之，号樊川居士，京兆万年（今陕西西安）人，唐代诗人。杜牧人称"小杜"，以别于杜甫。与李商隐并称"小李杜"。因晚年居长安南樊川别墅，故后世称"杜樊川"，著有《樊川文集》。

> 长安回望绣成堆②，山顶千门次第开。
> 一骑红尘妃子笑，无人知是荔枝来。

## 【注释】

①华清宫：《元和郡县志》载："华清宫在骊山上，开元十一年初置温泉宫。天宝六年改为华清宫。又造长生殿，名为集灵台，以祀神也。"

②绣成堆：骊山右侧有东绣岭，左侧有西绣岭。唐玄宗在岭上广种林木花卉，郁郁葱葱。

## 【赏析】

杜牧诗歌作品中，最具特色的是七言绝句。此诗是咏向杨贵妃进贡荔枝一事。第一句写从长安回望骊山，点出骊山绣岭之名，又描摹出秀丽的景色，第二句写戒备森严的山顶宫殿大门依次打开，写出华清宫规模之大，这两句是点题。第三句一转，在红尘扬起的地方有一人骑马飞奔而来，同时在山上宫中，贵妃已经笑了。第四句再转，不写杨贵妃所以笑的原因，而是写没有人知道是荔枝来了。第四句本应承第三句，但诗人不从正面说，而从反面说，手法高明。此诗通过送荔枝这一典型事件，见微知著。全诗不用难字，不用典故，借古讽今，意味深长，是唐人咏史绝句中的佳作。

## 【诵读链接】

华清宫始建于唐初，鼎盛于唐玄宗执政以后。是唐代封建帝王游幸的别宫。背山面渭，倚骊峰山势而筑，规模宏大，建筑壮丽，楼台馆殿，遍布骊山上下。唐玄宗悉心经营建起如此宏大的离宫，他几乎每年十月都要到此游幸，岁尽始还长安。故有"十月一日天子来，青绳御路无尘埃"之名句。游幸规模甚大，"千乘万旗被原野，云霞草木相辉光""八十一车千万骑，朝有宴饮暮有赐"。

# 黄州新建小竹楼记

## 王禹偁

王禹偁（954~1001年），字元之，北宋著名文学家、诗人、散文家，济州钜野人（今属山东）。历任右拾遗、左司谏、知制诰等职，因被贬黄州并卒于此，世称王黄州。其人为官清廉，关心民间疾苦，秉性刚直，不畏权势，一生屡遭贬谪，作《三黜赋》申明"屈于身兮不屈其道，任百谪而何亏；吾当守正直兮佩仁义，期终身以行之"反映出他百折不挠的坚强品格。

黄冈①之地多竹，大者如椽②。竹工破之，刳③去其节，用代陶瓦④，比屋⑤皆然，以其价廉而工省也。

子城⑥西北隅，雉堞圮毁⑦，蓁莽⑧荒秽，因作小楼二间，与月波楼⑨通。远吞⑩山光，平挹⑪江瀬⑫，幽阒辽夐⑬，不可具状。夏宜急雨，有瀑布声；冬宜密雪，有碎玉声。宜鼓琴，琴调和畅；宜咏诗，诗韵清绝；宜围棋，子声丁丁⑭然；宜投壶⑮，矢声铮铮然，皆竹楼之所助⑯也。

公退⑰之暇，披鹤氅⑱，戴华阳巾⑲，手执《周易》一卷，焚香默坐，消遣世虑⑳。江山之外，第见风帆沙鸟，烟云竹树而已㉑。待其酒力醒，茶烟歇，送夕阳，迎素月，亦谪㉒居之胜概㉓也。彼齐云、落星㉔，高则高矣；井幹、丽谯㉕，华则华矣，止于贮妓女，藏歌舞，非骚人㉖之事，吾所不取。

吾闻竹工云："竹之为瓦，仅十稔㉗。若重覆之，得二十稔。"噫！吾以至道乙未岁，自翰林出滁上㉘。丙申㉙，移广陵㉚。丁酉㉛，又入西掖㉜。戊戌岁除日㉝，有齐安㉞之命，己亥㉟闰三月到郡。四年之间，奔走不暇。未知明年又在何处，岂惧竹楼之易朽乎。幸后之人与我同志，嗣而葺之㊱，庶㊲斯楼之不朽也。

咸平二年八月十五日记。

## 【注释】

①黄冈：旧属黄州府，今湖北省黄冈市。

②椽（chuán）：椽子，架在屋顶承受屋瓦的木条。

③刳（kū）：从中间剖开再挖空。

④陶瓦：用泥烧制的瓦。

⑤比屋：家家户户的房屋。比：紧挨，靠近。

⑥子城：大城所属的小城，即内城或是附在城垣上的瓮城或月城。

⑦雉堞（dié）：城上的矮墙。圮（pǐ）毁：倒塌毁坏。

⑧蓁（zhēn）莽（mǎng）：草木丛生。

⑨月波楼：今汉川门楼。

⑩远吞：意即可以饱览山光水色。

⑪挹（yì）：汲取，舀。

⑫瀬（lài）：沙滩上的很急的流水。

⑬幽阒（qù）辽夐（xiòng）：幽静辽阔。

⑭丁（zhēng）丁然：形容棋子敲击棋盘时发出的清脆之声。

⑮投壶：古代上层社会宴饮时的礼制，也是一种游戏。以盛酒的壶口为的，以矢投入，投中次数多者为胜，胜者斟酒使败者饮。

⑯助：助成，得力于。

⑰公退：公事完毕，回来休息的闲暇时刻。

⑱鹤氅（chǎng）：用鹤羽所制的大衣。

⑲华阳巾：道士所戴的头巾。

⑳世虑：世俗的念头。

㉑第……而已：只……罢了。

㉒谪（zhé）：封建王朝官吏降职或远调。

㉓胜概：胜事。

㉔齐云、落星：均为古代名楼。齐云楼在苏州旧城内，即古月华楼。《吴地记》："唐朝恭王所建，今名飞云阁。"落星楼在建邺（今南京）东北十里。《金陵地记》："吴嘉禾元年于桂林苑落星山起三重楼，名曰落星。"

㉕井幹、丽谯（qiáo）：均为古代名楼。

㉖骚（sāo）人：指风雅之士。

㉗稔（rěn）：谷子一熟叫作一稔，引申指一年。

㉘翰林：宋太宗至道元年（995年），作者因讪谤朝廷罪由翰林学士贬至滁州。出：贬往。

㉙丙申：宋太宗至道二年（996年）。

㉚广陵：古郡名，故城在江苏省江都县东北。

㉛丁酉：宋太宗至道三年（997年）。

㉜又入西掖（yè）：原指宫阙旁舍，此指回京复任刑部郎中知制诰。

㉝戊（wù）戌（xū）岁除日：戊戌年除夕。

㉞齐安：古郡名，即黄州。南齐时置齐安郡。

㉟己亥（hài）：宋真宗咸平二年（999年）。

㊱嗣（sì）而葺（qì）之：后继者常常修缮之。嗣：接续、继承。葺：修整。

㊲庶（shù）：表示期待或可能。

## 【赏析】

本文又称《黄州竹楼记》《黄冈竹楼记》。宋真宗咸平元年（998年），王禹偁因秉笔直书，被加以"议论轻重其间"的罪名贬黜黄州，本文即作于当年中秋。团圆之日，作者不以谪居偏僻简易的竹楼为苦，反而玩味出幽居的乐趣，将谪居的寂寞化为清雅的情趣，表现了诗人孤傲自守而又散淡为怀的思想感情。

　　文章布局富有层次，一写竹楼朴素但悦目的景致，次写登楼之胜，抒发翩然如仙的精神追求，再以齐云、落星、井幹、丽谯四个名楼反衬竹楼的清幽简朴，表现其脱俗超逸的胸怀。层层递进诗人追求的三重精神境界，其一，选偏僻之地建楼，求"非宁静无以致远"的"静"；其二，听四季之音，雨声、雪声、鼓琴声、下棋声、投壶声，品味细微变化的"趣"；其三，深居简出于竹楼，体现出诗人鄙夷声色，不慕世俗，追求文人审美的清"雅"。层次井然，意脉连贯，此才有王安石称"《竹楼记》胜欧阳公《醉翁亭记》"之论。

# 岳阳楼记①

## 范仲淹

　　范仲淹（989~1052年），字希文，苏州吴县人。北宋杰出思想家、政治家、文学家。一生最著名也最波折之事当属发起"庆历新政"。新政受挫后，范仲淹被贬出京，历知邠州、邓州、杭州、青州。皇祐四年（1052年），改知颍州，范仲淹扶疾上任，于途中逝世。追赠兵部尚书、楚国公，谥号"文正"，世称范文正公。范仲淹政绩卓著，文学成就突出。他倡导的"先天下之忧而忧，后天下之乐而乐"思想和仁人志士节操，对后世影响深远。

　　庆历四年春②，滕子京谪守巴陵郡③。越明年④，政通人和⑤，百废具兴⑥。乃重修岳阳楼⑦，增其旧制⑧，刻唐贤今人诗赋于其上⑨。属予作文以记之⑩。

　　予观夫巴陵胜状⑪，在洞庭一湖。衔远山⑫，吞长江⑬，浩浩汤汤⑭，横无际涯⑮；朝晖夕阴，气象万千⑯。此则岳阳楼之大观也⑰，前人之述备矣⑱。然则北通巫峡⑲，南极潇湘⑳，迁客骚人㉑，多会于此㉒，览物之情，得无异乎㉓？

　　若夫淫雨霏霏㉔，连月不开㉕，阴风怒号㉖，浊浪排空㉗；日星隐曜㉘，山岳潜形㉙；商旅不行㉚，樯倾楫摧㉛；薄暮冥冥㉜，虎啸猿啼。登斯楼也，则有㉝去国怀乡，忧谗畏讥㉞，满目萧然㉟，感极而悲者矣㊱。

至若春和景明㊲，波澜不惊㊳，上下天光，一碧万顷㊴；沙鸥翔集，锦鳞游泳㊵；岸芷汀兰㊶，郁郁㊷青青。而或长烟一空㊸，皓月千里㊹，浮光跃金㊺，静影沉璧㊻，渔歌互答㊼，此乐何极㊽！登斯楼也，则有心旷神怡㊾，宠辱偕忘㊿，把酒临风㊵，其喜洋洋㊿者矣。

嗟夫㊿！予尝求古仁人之心㊿，或异二者之为㊿，何哉？不以物喜，不以己悲㊿；居庙堂之高则忧其民㊿；处江湖之远则忧其君㊿。是进亦忧，退亦忧。然则何时而乐耶？其必曰："先天下之忧而忧，后天下之乐而乐"乎㊿。噫！微斯人，吾谁与归㊿？

时六年九月十五日。

## 【注释】

①记：一种文体，可以写景、叙事，多为议论。意在抒发作者的情怀和政治抱负。

②庆历四年：公元 1044 年。庆历，宋仁宗赵祯的年号。

③滕子京谪（zhé）守巴陵郡：滕子京：名宗谅，字子京，与范仲淹同年举进士。受人诬告私用官钱而降职知岳州。谪：官吏降职或远调。守：做郡的长官。汉朝"守某郡"，就是做某郡的太守；宋朝废郡称州，应说"知某州"。巴陵郡：即岳州，治所在今湖南岳阳，这里沿用古称。

④越明年：到第二年。

⑤政通人和：政事顺利，百姓和乐。政：政事。通：通顺。和：和乐。

⑥百废具兴：各种荒废的事业都兴办起来了。

⑦乃：于是。

⑧制：规模。

⑨唐贤今人：唐代和当代名人。

⑩属（zhǔ）：通"嘱"，嘱托、嘱咐。

⑪夫：那。胜状：胜景，好景色。

⑫衔：包含。

⑬吞：吞吐。

⑭浩浩汤汤（shāng）：水波浩荡的样子。汤汤：水流大而急。

⑮横无际涯：宽阔无边。横：广远。际涯：边际。

⑯朝晖夕阴，气象万千：或早或晚（一天里）阴晴多变化。晖：日光。气象：景象。万千：千变万化。

⑰此则岳阳楼之大观也：这就是岳阳楼的雄伟景象。

⑱前人之述：指上面说的"唐贤今人诗赋"。备：详尽，完备。

⑲然则：虽然如此，那么。

⑳南极潇湘：南面直到潇水、湘水。潇水是湘水的支流。湘水流入洞庭湖。南：向南。极：尽，最远到达。

㉑迁客：谪迁的人，指降职远调的人。骚人：诗人。战国时屈原作《离骚》，因此后人也称诗人为骚人。

㉒多：大多。会：聚集。

㉓览物之情，得无异乎：看到自然景物而引发的情感，怎能不有所不同呢？览：观看，欣赏。得无……乎：大概……吧。

㉔若夫：用在一段话的开头以引起下文。下文的"至若"，同此。"若夫"近似"像那"。"至若"近似"至于"。淫雨：连绵不断的雨。霏霏：雨或雪（繁密）的样子。

㉕开：（天气）放晴。

㉖阴：阴冷。

㉗排空：冲向天空。

㉘日星隐曜（yào）：太阳和星星隐藏起光辉。曜（不为耀，古文中以此当作日光）：光辉，日光。

㉙山岳潜形：山岳隐没了形体。岳：高大的山。潜：隐没。形：形迹。

㉚行：走，此指前行。

㉛樯（qiáng）倾楫（jí）摧：桅杆倒下，船桨折断。樯：桅杆。楫：船桨。倾：倒下。摧：折断。

㉜薄暮冥冥：傍晚天色昏暗。薄：迫近。冥冥：昏暗的样子。

㉝则：就。有：产生……的（情感）。

㉞去国怀乡，忧谗畏讥：离开国都，怀念家乡，担心（人家）说坏话，惧怕（人家）批评指责。去：离开。国：国都，指京城。忧：担忧。谗：谗言。畏：害怕，惧怕。讥：嘲讽。

㉟萧然：凄凉冷落的样子。

㊱感极：感慨到了极点。而：连词，表顺接。

㊲至若春和景明：至于到了春天气候暖和，阳光普照。至若：至于。春和：春风和煦。景：日光。明：明媚。

㊳波澜不惊：湖面平静，没有惊涛骇浪。惊：这里有"起""动"的意思。

㉟上下天光，一碧万顷：天色湖面光色交映，一片碧绿，广阔无边。一：一片。万顷：极言其广。

㊀沙鸥翔集，锦鳞游泳：沙鸥时而飞翔，时而停歇，美丽的鱼在水中游来游去。沙鸥：沙洲上的鸥鸟。翔集：时而飞翔，时而停歇。集：栖止，鸟停息在树上。锦鳞：指美丽的鱼。鳞：代指鱼。游泳：或浮或沉。游：贴着水面游。泳：潜入水里游。

㊁岸芷（zhǐ）汀（tīng）兰：岸上的小草，小洲上的兰花。芷：香草的一种。汀：小洲，水边平地。

㊂郁郁：形容草木茂盛。

㊃而或长烟一空：有时大片烟雾完全消散。或：有时。长：大片。一：全。空：消散。

㊄皓月千里：皎洁的月光照耀千里。

㊅浮光跃金：湖水波动时，浮在水面上的月光闪耀起金光。这是描写月光照耀下的水波。有些版本作"浮光耀金"。

㊆静影沉璧：湖水平静时，明月映入水中，好似沉下一块玉璧。这里是写无风时水中的月影。璧：圆形正中有孔的玉。沉璧：像沉入水中的璧玉。

㊇互答：一唱一和。

㊈何极：哪有穷尽。何：怎么。极：穷尽。

㊉心旷神怡：心情开朗，精神愉快。旷：开阔。怡：愉快。

㊿宠辱偕忘：荣耀和屈辱一并都忘了。宠：荣耀。辱：屈辱。偕：一起，一作"皆"。

㉛把酒临风：端酒面对着风，就是在清风吹拂中端起酒来喝。把：持，执。临：面对。

㉜洋洋：高兴的样子。

㉝嗟（jiē）夫：唉。嗟夫为两个词，皆为语气词。

㉞尝：曾经。求：探求。古仁人：古时品德高尚的人。心：思想（感情心思）。

㉟或异二者之为：或许不同于（以上）两种心情。或：近于"或许""也许"的意思，表委婉口气。为：这里指心理活动，即两种心情。二者：这里指前两段的"悲"与"喜"。

㊱不以物喜，不以己悲：不因为外物好坏和自己得失而或喜或悲（此句为互文）。以：因为。

㊲居庙堂之高则忧其民：在朝中做官就担忧百姓。居庙堂之高：处在高高的庙堂上，意为在朝中做官。庙：宗庙。堂：殿堂。庙堂：指朝廷。下文的"进"，即指"居庙堂之高"。

(58)处江湖之远则忧其君：处在僻远的地方做官就为君主担忧。处江湖之远：处在偏远的江湖间，意思是不在朝廷上做官。之：定语后置的标志。是：这样。下文的“退”，即指“处江湖之远”。

(59)先天下之忧而忧，后天下之乐而乐：在天下人担忧之前先担忧，在天下人享乐之后才享乐。先：在……之前。后：在……之后。其：指“古仁人”。

(60)微斯人，吾谁与归：（如果）没有这种人，那我同谁一道呢？微：（如果）没有。斯人：这种人（指前文的“古仁人”）。谁与归：就是“与谁归”。归：归依。

## 【赏析】

此文作于宋仁宗庆历六年（1046年）九月。范仲淹因推行新政遭到排挤和污蔑被贬官。“先天下之忧而忧，后天下之乐而乐”的忧国忧民之思即在此逆境之中写就。当中奋发图强、坚守理想的精神成为后世政治家立身行事的准则。

文章铺陈排比，将洞庭湖的春秋之景、晴雨之景、昼夜之景写得细腻生动。体现出作者写景有序、状物有神、寓情于景、景中抒怀的写作风格。其结构精美、井然将叙事、议论与写景相交融，融情于景，引发照应。对偶工整，骈散相间，显示出极高的艺术技巧。感情充沛，富有韵律之美。

## 【诵读链接】

岳阳楼始建于公元220年前后，其前身相传为三国时期东吴大将鲁肃的“阅军楼”，西晋南北朝时称“巴陵城楼”。位于今湖南省岳阳市古城西门城墙之上，下瞰洞庭，前望君山，自古有“洞庭天下水，岳阳天下楼”的美誉，与湖北武汉黄鹤楼、江西南昌滕王阁并称为“江南三大名楼”。

# 醉翁亭记

欧阳修

欧阳修（1007~1072年），字永叔，号醉翁，晚号六一居士，吉州永丰（今江西省吉安市永丰县）人，北宋著名的政治家、文学家。官至翰林学士、枢密副使、参知政事，谥号文忠，世称欧阳文忠公。欧阳修领导了北宋诗文革新运动，继承并发展了韩愈的古文理论。在史学方面，也有较高成就，曾主修《新唐书》，并独撰《新五代史》。本文作于欧阳修降职滁州后的第二年。庆历新政的失败使他摆脱朝廷的党争，滁州地僻事简，作者放情于山水之间，悠闲自娱，遂成此作。

环滁①皆②山也。其③西南诸峰，林壑④尤⑤美。望之蔚然⑥而深秀者，琅琊也⑦。山⑧行六七里，渐闻水声潺潺⑨而泻出于两峰之间者，酿泉⑩也。峰回路转⑪，有亭翼然⑫临⑬于⑭泉上者，醉翁亭也。作⑮亭者谁？山之僧智仙也。名⑯之者谁？太守自谓⑰也。太守与客来饮于此，饮少辄⑱醉，而年又最高⑲，故自号⑳曰㉑醉翁也。醉翁之意㉒不在酒，在乎㉓山水之间也。山水之乐，得㉔之心而寓㉕之酒也。

若夫㉖日出而林霏㉗开㉘，云归㉙而岩穴暝㉚，晦明㉛变化者，山间之朝暮也。野芳㉜发㉝而幽香，佳木秀㉞而繁阴㉟，风霜高洁，水落而石出者㊱，山间之四时也。朝而往，暮而归，四时之景不同，而乐亦无穷也。

至于㊲负者㊳歌于途，行者休于树㊴，前者呼，后者应，伛偻㊵提携㊶，往来而不绝者，滁人游也。临㊷溪而渔㊸，溪深而鱼肥。酿泉㊹为酒，泉香而酒洌㊺；山肴㊻野蔌㊼，杂然㊽而前陈㊾者，太守宴也。宴酣㊿之乐，非丝(51)非竹(52)，射(53)者中，弈(54)者胜，觥筹交错(55)，起坐而喧哗者，众宾欢也。苍颜(56)白发，颓然乎其间者(57)，太守醉也。

已而(58)夕阳在山，人影散乱，太守归(59)而宾客从也。树林阴翳(60)，鸣声上下(61)，游人去而禽鸟乐也。然而禽鸟知山林之乐，而不知人之乐；人知从太守游而乐，而不知太守之乐其乐(62)也。醉能同其乐，醒能述以文者(63)，太守也。太守谓(64)谁？庐陵(65)欧阳修也。

## 【注释】

①环滁：环绕着滁州城。环：环绕。滁（chú）：滁州，今安徽省东部。

②皆：副词，都。

③其：代词，它，指滁州城。

④壑（hè）：山谷。

⑤尤：格外，特别。

⑥蔚然：草木繁盛的样子。

⑦蔚然而深秀者，琅琊也：树木茂盛，又幽深又秀丽的，是琅琊山。

⑧山：名词作状语，沿着山路。

⑨潺潺（chán）：流水声。

⑩酿泉：泉的名字。因水清可以酿酒，故名。

⑪回：回环，曲折环绕。峰回路转：山势回环，路也跟着拐弯。比喻事情经历挫折失败后，出现新的转机。

⑫翼然：四角翘起，像鸟张开翅膀的样子。然：……的样子。

⑬临：靠近。

⑭于：在。

⑮作：建造。

⑯名：名词作动词，命名。

⑰自谓：自称，用自己的别号来命名。

⑱辄（zhé）：就，总是。

⑲年又最高：年纪又是最大的。

⑳号：名词作动词，取别号。

㉑曰：叫做。

㉒意：这里指情趣。"醉翁之意不在酒"，后来用以比喻本意不在此而另有目的。

㉓乎：相当于"于"。

㉔得：领会。

㉕寓：寄托。

㉖夫（fú）：语气助词，无实意，多用于句首。

㉗林霏：树林中的雾气：霏，原指雨、雾纷飞，此处指雾气。

㉘开：消散，散开。

㉙归：聚拢。

㉚暝（míng）：昏暗。

㉛晦明：指天气阴晴昏暗。晦：昏暗。

㉜芳：花草发出的香味，这里引申为"花"，名词。

㉝发：开放。

㉞秀：植物开花结实。这里有繁荣滋长的意思。

㉟佳木秀而繁阴：美好的树木繁荣滋长，（树叶）茂密成荫。繁阴：一片浓密的树荫。

㊱风霜高洁，水落而石出者：秋风高爽，霜色洁白，溪水滴落，山石显露。水落石出，原指一种自然景象，大多比喻事情终于真相大白。

㊲至于：连词，于句首，表示两段的过渡，提起另事。

㊳负者：背着东西的人。

㊴休于树：倒装，"于树休"在树下休息。

㊵伛偻（yǔ lǚ）：腰背弯曲的样子，这里指老年人。

㊶提携：小孩子被大人领着走，这里指小孩子。

㊷临：来到。

㊸渔：捕鱼。

㊹酿泉：泉水名，原名玻璃泉，在琅邪山醉翁亭下，因泉水很清可以酿酒而得名。

㊺洌（liè）：清澈。

㊻山肴：用从山野捕获的鸟兽做成的菜。

㊼野蔌（sù）：野菜。蔌：菜蔬的总称。

㊽杂然：杂乱的样子。

㊾陈：摆开，陈列。

㊿酣：尽情地喝酒。

51丝：弦乐器的代称。

52竹：管乐器的代称。非丝非竹：不是音乐。

53射：这里指投壶，古人宴饮时的一种游戏，把箭向壶里投，投中多的为胜，负者照规定的杯数喝酒。

54弈：下棋。这里用做动词，下围棋。

55觥筹交错：酒杯和酒筹交互错杂。觥（gōng）：酒杯。筹：行酒令的筹码，用来记饮酒数。

56苍颜：容颜苍老。

57颓然乎其间：醉醺醺地坐在宾客中间。颓然：原意是精神不振的样子，这里是醉醺醺的样子。

58已而：随后，不久。

59归：返回，回家。

60翳（yì）：遮盖。阴翳：形容枝叶茂密成阴。

61鸣声上下：意思是鸟到处叫。上下：指高处和低处的树林。

62乐①其乐②：乐他所乐的事情。乐①：以……为乐。乐②：乐事。

63醉能同其乐，醒能述以文者：醉了能够同大家一起欢乐，醒来能够用文章记述这乐事的人。

64谓：为，是。

65庐陵：古郡名，庐陵郡，宋代称吉洲，今江西省吉安市。欧阳修先世为庐陵大族。

## 【赏析】

古代士大夫的谪居之作离不开山水。山水是文人内心世界的外在映射，观山涉水之意并不在山水之间，而在寄放情怀。欧阳修的《醉翁亭记》既有文人寄情山水的微妙心理，又较为纯粹地书写了琅琊山醉翁亭的自然美色。

文章从大处着笔，勾画了醉翁亭的地理位置和环境，生动描写了醉翁亭的山水相映、朝暮变化、四季更替，活泼地展示了百姓生活和宴饮娱乐。以"醉中之乐"贯穿文章，将遨游山水之乐、人情之乐、宴饮之乐、禽鸟之乐走线串珠，将写景、叙事和抒情融合一体，表现出作者高超的文字表现力。

## 【诵读链接】

醉翁亭位于安徽滁州琅琊山，为北宋琅琊寺僧智仙所建。当年欧阳修被贬滁州，常流连于琅琊山的秀丽美景，与民同游同乐。相传一日欧阳公与寺僧智仙对弈时突降暴雨，为免日后之烦，智仙遂修建此亭。从此，欧阳修常与朋友到亭中游乐饮酒，"太守与客来饮于此，饮少辄醉，而年又最高，故自号曰醉翁也。""醉翁亭"因此得名。

# 游褒禅山记

## 王安石

王安石（1021~1086年），字介甫，号半山，江西临川人。北宋著名思想家、政治家、文学家、改革家。他将文学创作与政治活动密切联系，持有"适用"的文学创作理念，因而作品以政论性为多，表现出远大的政治抱负和批判精神。晚年罢相后，诗词风格发生变化，创作了较多的描写湖光山色的诗歌，如《江上》《泊船瓜洲》等，更加注重艺术的锤炼。

褒禅山亦谓之华山，唐浮图慧褒始舍于其址①，而卒葬之；以故其后名之曰"褒禅"。今所谓慧空禅院者，褒之庐冢②也。距其院东五里，所谓华山洞③者，以其乃华山之阳名④之也。距洞百余步，有碑仆道⑤，其文漫灭⑥，独其为文犹可识曰"花山"。今言"华"如"华实"之"华"者，盖音谬也。

其下平旷，有泉侧出，而记游者甚众，所谓前洞也。由山以上五六里，有穴窈然⑦，入之甚寒，问其深，则其好游者不能穷也，谓之后洞。余与四人拥火以入，入之愈深，其进愈难，而其见愈奇。有怠而欲出者，曰："不出，火且尽。"⑧遂与之俱出。盖余所至，比好游者尚不能十一，然视其左右，来而记之者已少。盖其又深，则其至又加少矣。方是时，予之力尚足以入，火尚足以明也。既其出，则或咎其欲出者，而余亦悔其随之，而不得极夫游之乐也。

于是余有叹焉。古人之观于天地、山川、草木、虫鱼、鸟兽，往往有得，以其求思之深而无不在也。夫夷以近，则游者众；险以远，则至者少。而世之奇伟、瑰怪，非常之观，常在于险远，而人之所罕至焉，故非有志者不能至也。有志矣，不随以止也，然力不足者，亦不能至也。有志与力，而又不随以怠，至于幽暗昏惑而无物以相之，亦不能至也。然力足以至焉，于人为可讥，而在己为有悔；尽吾志也而不能至者，可以无悔矣，其孰能讥之乎？此余之所得也！

余于仆碑，又以悲夫古书之不存，后世之谬其传⑨而莫能名者，何可胜道⑩也哉！此所以学者不可以不深思而慎取⑪之也。

四人者：庐陵萧君圭君玉，长乐王回深父，余弟安国平父、安上纯父⑫。至和元年七月某日，临川王某⑬记。

## 【注释】

①浮图：梵（fàn）语（古印度语）音译词，也写作"浮屠"或"佛图"，本意是佛或佛教徒，这里指和尚。慧褒：唐代高僧。舍：名词活用作动词，建舍定居。址：地基，基部，基址，这里指山脚。

②庐冢（zhǒng）：古时为了表示孝敬父母或尊敬师长，在他们死后的服丧期间，为守护坟墓而盖的屋舍，也称"庐墓"。这里指慧褒弟子在慧褒墓旁盖的屋舍。庐：屋舍。（一说指慧褒生前的屋舍。）

③华山洞：南宋王象生《舆地纪胜》写作"华阳洞"，看正文应写作"华阳洞"。

④阳：山的南面。古代称山的南面、水的北面为"阳"，山的背面、水的南面为"阴"。名：命名，动词。

⑤仆道："仆（于）道"的省略，倒在路旁。

⑥文：碑文，与下文"独其为文（碑上残存的文字）"的"文"不同。漫灭：指因风化剥落而模糊不清。

⑦窈（yǎo）然：深远幽暗的样子。

⑧怠：懈怠。且：副词，将，将要。

⑨谬其传：把那些（有关的）传说弄错。谬，使……谬误，把……弄错。莫能名：不能说出真相（一说真名）。

⑩何可胜道：怎么能说得完。胜：尽。

⑪所以：表示"……的原因"。慎取：谨慎取舍。

⑫庐陵：今江西吉安。萧君圭：字君玉。长乐：今福建长乐。王回：字深父。安国平父、安上纯父：王安国，字平父。王安上，字纯父。

⑬王某：王安石。古人作文起稿，写到自己的名字，往往只作"某"，或者在"某"上冠姓，以后在誊写时才把姓名写出。根据书稿编的文集，也常常保留"某"的字样。

## 【赏析】

此文作于宋仁宗至和元年（1054 年），王安石任舒州通判期满离任，途经褒禅山之时。是宋代典型的主理尚意，名托山水记游，实重论道讲学之作。

文章首二段叙说作者与友人畅游褒禅山始末，为后文的说理打下基础。三段以游华阳洞的经历，论述志向、能力与客观条件三者的关系，提出观点，反对浅尝辄止，鼓励深入探索，反对半途而废，提倡百折不挠。四段通过考据华山得名，得出"深思而慎取"的结论。

《游褒禅山记》本来写的是一次半途而废，即"不得极夫游之乐"的游览。这场游历虽然失败却成就一篇成功的文章，原因在于作者于不得之中求有得，发前人之所未发，一反游记常规，以"求思"为主旨，精心构思，从而借景拟议，晓人以理，成为独具一格的游记佳作。

## 【诵读链接】

褒禅山位于安徽省马鞍山市含山县，古称华山、花山。山色翠霭，四面如围，仿若神仙居所。华阳仙洞有天、碑、门、地四洞，传说为仙翁往来之地。此地中峰高耸，欲雨则云先起，云雾涌动，蔚为壮观，有褒禅烟雨的传说。唐弋高僧慧褒云游至此，矢志"结庐其下"，兴建褒禅寺。慧褒圆寂后弟子为追念他，将华山改名为褒禅山。

# 前赤壁赋

苏　轼

苏轼（1037~1101 年），字子瞻，号铁冠道人、东坡居士，四川眉山人，北宋杰出的文学家、书法家、画家，是北宋文学艺术的巅峰。

苏轼长于散文，与韩、柳、欧三家并称。他终身从政，重视文学的社会作用，诗歌中不乏反映民间疾苦、关心国家命运之作。诗歌中对后人影响最大的多是抒发个人情感和歌咏自然景物的诗篇。苏轼的词最为卓著，改变了晚唐五代词的婉约风格，开豪放清旷词一派，具有浓厚的浪漫主义风格。

壬戌①之秋，七月既望②，苏子与客泛舟游于赤壁之下。清风徐③来，水波不兴④。举酒属⑤客，诵明月之诗⑥，歌窈窕之章⑦。少焉⑧，月出于东山之上，徘徊于斗牛⑨之间。白露⑩横江⑪，水光接天。纵一苇之所如，凌万顷之茫然⑫。浩浩乎如冯虚御风⑬，而不知其所止；飘飘乎如遗世⑭独立，羽化⑮而登仙⑯。

于是饮酒乐甚，扣舷⑰而歌之。歌曰："桂棹⑱兮兰桨，击空明⑲兮溯⑳流光㉑。渺渺㉒兮予怀，望美人㉓兮天一方。"客有吹洞箫者，倚歌㉔而和㉕之。其声呜呜然，如怨㉖如慕㉗，如泣如诉；余音㉘袅袅㉙，不绝如缕㉚。舞幽壑之潜蛟㉛，泣孤舟之嫠妇㉜。

苏子愀然㉝，正襟危坐㉞，而问客曰："何为其然也㉟？"客曰："'月明星稀，乌鹊南飞。'㊱此非曹孟德之诗乎？西望夏口㊲，东望武昌㊳，山川相缪㊴，郁㊵乎苍苍，此非孟德之困于周郎㊶者乎？方其破荆州，下江陵，顺流而东也㊷，舳舻㊸千里，旌旗蔽空，酾酒㊹临江，横槊㊺赋诗，固一世之雄也，而今安在哉？况吾与子渔樵于江渚之上，侣㊻鱼虾而友麋㊼鹿，驾一叶之扁舟㊽，举匏樽㊾以相属。寄㊿蜉蝣(51)于天地，渺(52)沧海(53)之一粟。哀吾生之须臾(54)，羡长江之无穷。挟飞仙以遨游，抱明月而长终(55)。知不可乎骤(56)得，托遗响(57)于悲风(58)。"

苏子曰："客亦知夫水与月乎？逝者如斯(59)，而未尝往也；盈虚者如彼(60)，而卒(61)莫消长(62)也。盖将自其变者而观之，则天地曾不能(63)以一瞬(64)；自其不变者而观之，则物与我皆无尽也，而又何羡乎！且夫天地之间，物各有主，苟非吾之所有，虽一毫而莫取。惟江上之清风，与山间之明月，耳得之而为声，目遇之而成色，取之无禁，用之不竭。是(65)造物者(66)之无尽藏(67)也，而吾与子之所共食(68)。"

客喜而笑，洗盏更酌。肴核既尽，杯盘狼籍。相与枕藉乎舟中，不知东方之既白。

## 【注释】

①壬戌（rén xū）：宋神宗元丰五年，岁次壬戌。古代以干支纪年，该年为壬戌年。

②既望：农历每月十六。农历每月十五日为"望日"，十六日为"既望"。

③徐：缓缓地。

④兴：起。

⑤属（zhǔ）：通"嘱"，致意，引申为劝酒。

⑥明月之诗：指《诗经·陈风·月出》。

⑦窈窕（yǎo tiǎo）之章：《陈风·月出》诗首章为："月出皎兮，佼人僚兮，舒窈纠兮，劳心悄兮。""窈纠"同"窈窕"。

⑧少焉：一会儿。

⑨斗牛：星座名，即斗宿（南斗）、牛宿。

⑩白露：白茫茫的水汽。

⑪横江：笼罩江面。

⑫此二句意谓：任凭小船在宽广的江面上飘荡。纵：任凭。一苇：比喻极小的船。《诗经·卫风·河广》："谁谓河广，一苇杭（航）之。"如：往。凌：越过。万顷：极为宽阔的江面。茫然：旷远的样子。

⑬冯（píng）虚御风：乘风腾空而遨游。冯虚：凭空，凌空。冯：通"凭"，乘。人教版改为"凭"，但原文应为"冯"。虚：太空。御：驾御。

⑭遗世：离开尘世。

⑮羽化：传说成仙的人能像长了翅膀一样飞升。

⑯登仙：登上仙境。

⑰扣舷（xián）：敲打着船边，指打节拍。

⑱桂棹（zhào）兰桨：桂树做的棹，兰木做的桨。

⑲空明：月亮倒映水中的澄明之色。

⑳溯：逆流而上。

㉑流光：在水波上闪动的月光。

㉒渺渺：悠远的样子。

㉓美人：比喻心中美好的理想或好的君王。

㉔倚歌：按照歌曲的声调节拍。

㉕和：同声相应，唱和。

㉖怨：哀怨。

㉗慕：眷恋。

㉘余音：尾声。

㉙袅袅（niǎo）：形容声音婉转悠长。

㉚缕：细丝。

㉛幽壑：深谷，这里指深渊。此句意谓：潜藏在深渊里的蛟龙为之起舞。

㉜嫠（lí）妇：寡妇。白居易《琵琶行》写孤居的商人妻云："去来江口守空船，绕舱明月江水寒。夜深忽梦少年事，梦啼妆泪红阑干。"这里化用其事。

㉝愀（qiǎo）然：容色改变的样子。

㉞正襟危坐：整理衣襟，（严肃地）端坐着。

㉟何为其然也：箫声为什么会这么悲凉呢？

㊱月明星稀，乌鹊南飞：所引是曹操《短歌行》中的诗句。

㊲夏口：故城在今湖北武昌。

㊳武昌：今湖北鄂州市。

㊴缪（liáo）：通"缭"，盘绕。

㊵郁：茂盛的样子。

㊶孟德之困于周郎：指汉献帝建安十三年（208年），吴将周瑜在赤壁之战中击溃曹操号称八十万大军。周郎：周瑜二十四岁为中郎将，吴中皆呼为周郎。

㊷以上三句：建安十三年刘琮率众向曹操投降，曹军不战而占领荆州、江陵。方：当。荆州：辖南阳、江夏、长沙等八郡，今湖南、湖北一带。江陵：当时的荆州首府，今湖北县名。

㊸舳舻（zhú lú）：战船前后相接，这里指战船。

㊹酾（shī）酒：滤酒，这里指斟酒。

㊺横槊（shuò）：横执长矛。槊：长矛。

㊻侣：以……为伴侣，这里为意动用法。

㊼麋（mí）：鹿的一种。

㊽扁（piān）舟：小舟。

㊾匏樽（páo zūn）：用葫芦做成的酒器。匏：葫芦。

㊿寄：寓托。

(51)蜉蝣（fú yóu）：一种朝生暮死的昆虫。此句比喻人生之短暂。

(52)渺：小。

(53)沧海：大海。此句比喻人类在天地之间极为渺小。

(54)须臾：片刻，形容生命之短。

(55)长终：至于永远。

(56)骤：多。

(57)遗响：余音，指箫声。

(58)悲风：秋风。

(59)逝者如斯：流逝的像这江水。语出《论语·子罕》：“子在川上曰：‘逝者如斯夫，不舍昼夜。’”逝：往。斯：指水。

(60)盈虚者如彼：指月亮的圆缺。

(61)卒：最终。

(62)消长：增减。

(63)曾（zēng）不能：固定词组，连……都不够。曾：连……都。

(64)一瞬：一眨眼的工夫。

(65)是：这。

(66)造物者：天地自然。

(67)无尽藏（zàng）：无穷无尽的宝藏。

(68)食：享用。

## 【赏析】

《前赤壁赋》是中国古代散文中不可多得的经典之作，写于苏轼政治生涯中最困顿的黄州被贬时期，也是他文学创作最辉煌的时期。

文章以主客对话、虚设问答的方式展开，表现出苏轼在经历“乌台诗案”之后思想的矛盾和起伏，志存高远而又不免悲观没落。作者将对人生的哲学思考融汇进自然风物，由衷欣赏着江水浩荡、明月当空，箫声呜咽，情自之起，更是借以说理的喻体。情理相生有如月升月落，写景、抒情、议论，笔势起伏得自然流畅，了无痕迹。文风潇洒飘逸、自如灵动，显现出苏轼天才的哲思与文采。

语言精美洒脱，句式整齐，声调婉转，既有赋体诗的韵味，又兼有散文参差疏落的自由，非常适合诵读。

## 【诵读链接】

赤壁之战的古战场，位于今湖北省赤壁市西北部。"赤壁"二字位于赤壁矶头临江悬岩，南距市区38公里。《湖北通志》载："赤壁山临江矶头有'赤壁'二字，相传为周瑜所书。"

# 石钟山记[①]

## 苏 轼

《水经》云："彭蠡[②]之口有石钟山焉。"郦元[③]以为下临深潭，微风鼓[④]浪，水石相搏[⑤]，声如洪钟[⑥]。是说[⑦]也，人常疑之。今以钟磬[⑧]置水中，虽大风浪不能鸣也，而况石乎！至唐李渤[⑨]始访其遗踪[⑩]，得双石于潭上，扣而聆之，南声函胡[⑪]，北音清越[⑫]，桴止响腾[⑬]，余韵徐歇[⑭]。自以为得之[⑮]矣。然是说也，余尤[⑯]疑之。石之铿然[⑰]有声者，所在皆是[⑱]也，而此独以钟名，何哉？

元丰[⑲]七年六月丁丑[⑳]，余自齐安[㉑]舟行适临汝[㉒]，而长子迈将赴[㉓]饶之德兴尉，送之至湖口[㉔]，因得观所谓石钟者。寺僧使小童持斧，于乱石间择其一二扣之，硿硿[㉕]焉，余固笑而不信也。至莫夜[㉖]月明，独与迈乘小舟，至绝壁下。大石侧立千尺，如猛兽奇鬼，森然[㉗]欲搏人[㉘]；而山上栖鹘[㉙]，闻人声亦惊起，磔磔[㉚]云霄间；又有若老人咳且笑于山谷中者，或曰此鹳鹤[㉛]也。余方心动[㉜]欲还，而大声发于水上，噌吰[㉝]如钟鼓不绝。舟人[㉞]大恐。徐而察之，则山下皆石穴罅[㉟]，不知其浅深，微波入焉，涵澹澎湃[㊱]而为此[㊲]也。舟回至两山间，将入港口，有大石当中流[㊳]，可坐百人，空中[㊴]而多窍[㊵]，与风水相吞吐，有窾坎镗鞳[㊶]之声，与向之噌吰者相应，如乐作焉。因笑谓迈曰："汝识之乎[㊷]？噌吰者，周景王之无射[㊸]也；窾坎镗鞳者，魏庄子之歌钟[㊹]也。古之人不余欺也[㊺]！"

事不目见耳闻，而臆断[㊻]其有无，可乎？郦元之所见闻，殆[㊼]与余同，而言之不详；士大夫终<sup>48</sup>不肯以小舟夜泊绝壁之下，故莫能知；而渔工水师<sup>49</sup>虽知而不能言<sup>50</sup>。此世所以不传也<sup>51</sup>。而陋者<sup>52</sup>乃以斧斤考击而求之<sup>53</sup>，自以为得其实<sup>54</sup>。余是以记之，盖叹郦元之简，而笑李渤之陋也。

## 【注释】

①石钟山：在江西湖口鄱阳湖东岸，有南、北二山，在县城南边的叫上钟山，在县城北边的叫下钟山。明清时有人认为苏轼关于石钟山得名由来的说法也是错误的，正确的说法是："盖全山皆空，如钟覆地，故得钟名。"今人经过考察，认为石钟山之所以得名，是因为它具有钟之"声"，又具有钟之"形"。

②彭蠡：鄱阳湖的别称。

③郦元：即郦道元，《水经注》的作者。

④鼓：振动。

⑤搏：击，拍。

⑥洪钟：大钟。

⑦是说：这个说法。

⑧磬（qìng）：古代打击乐器，形状像曲尺，用玉或石刻成。

⑨李渤：唐朝洛阳人，写过一篇《辨石钟山记》。

⑩遗踪：旧址，陈迹。这里指所在地。

⑪南声函胡：南边（那座山石）的声音重浊而模糊。函胡：通"含糊"。

⑫北音清越：北边（那座山石）的声音清脆而响亮。越：高扬。

⑬桴（fú）止响腾：鼓槌停止了（敲击），声音还在传播。腾：传播。

⑭余韵徐歇：余音慢慢消失。韵：这里指声音。徐：慢。

⑮得之：找到了这个（原因）。之：指石钟山命名的原因。

⑯尤：更加。

⑰铿（kēng）然：敲击金石所发出的响亮的声音。

⑱所在皆是：到处都（是）这样。是：这样。

⑲元丰：宋神宗的年号。

⑳六月丁丑：这里指农历六月初九。

㉑齐安：在今湖北黄州。

㉒临汝：即汝州（今河南临汝）。

㉓赴：这里是赴任、就职的意思。

㉔湖口：今江西湖口。

㉕硿（kōng）硿焉：硿硿地（发出响声）。焉：相当于“然”。

㉖莫（mù）夜：晚上。莫：通“暮”。

㉗森然：形容繁密直立。

㉘搏人：捉人，打人。

㉙栖鹘（hú）：宿巢的老鹰。鹘：鹰的一种。

㉚磔（zhé）磔：鸟鸣声。

㉛鹳鹤：水鸟名，似鹤而顶不红，颈和嘴都比鹤长。

㉜心动：这里是心惊的意思。

㉝噌（chēng）吰（hóng）：这里形容钟声洪亮。

㉞舟人：船夫。

㉟罅（xià）：裂缝。

㊱涵澹澎湃：波浪激荡。涵澹：水波动荡。澎湃：波浪相激。

㊲为此：形成这种声音。

㊳中流：水流的中心。

㊴空中：中间是空的。

㊵窍：窟窿。

㊶窾（kuǎn）坎镗（táng）鞳（tà）：窾坎：击物声。镗鞳：钟鼓声。

㊷汝识（zhì）之乎：你知道那些（典故）吗？识：知道。

㊸周景王之无射（yì）：《国语》记载，周景王二十三年（前522年）铸成“无射”钟。

㊹魏庄子之歌钟：《左传》记载，鲁襄公十一年（前561年）郑人以歌钟和其他乐器献给晋侯，晋侯分一半赐给晋大夫魏绛。庄子，魏绛的谥号。歌钟，古乐器。

㊺古之人不余欺也：古人（称这山为“石钟山”）没有欺骗我啊！不余欺：就是“不欺余”。

㊻臆断：根据主观猜测来判断。臆：胸。

㊼殆：大概。

㊽终：终究。

㊾渔工水师：渔人（和）船工。

㊿言：指用文字表述、记载。

(51)此世所以不传也：这（就是）世上没有流传下来（石钟山得名由来）的缘故。

(52)陋者：浅陋的人。

(53)以斧斤考击而求之：用斧头敲打石头的办法来寻求（石钟山得名的）原因。考：敲击。

㊴实：指事情的真相。

## 【赏析】

本文虽属游记，但并不囿于对山水的描摹。作者夜游探寻石钟山的目的在开篇就予以交代。摆出石钟山得名之郦道元和李渤的说法，提出质疑。通过实地考察石钟山，苏子绘声绘色地描写了夜间访游石钟山的惊险诡异，使人有身临其境之感。最后以实地考察之凭证，驳斥和补充了前人之说，辨明真相，提出不可不经"目见耳闻"就"臆断其有无"的观点。苏轼探究石钟山命名，既不盲从古人，也不轻信时人。为探求真相不避艰险，认真观察，考证石钟山命名之由来，是知行合一的典范。

文章夹叙夹议，惊险传神。特别是对声音的描写，以比喻、拟人、拟声词创造出生动的意境，声音富于变化和趣味。

## 【诵读链接】

石钟山，中国千古奇音第一山，位于鄱阳湖与长江交汇的九江市湖口县双钟镇。自古有上下石钟山之分，位于镇南的叫上石钟山，位于镇北的叫下石钟山。南临匡庐，北镇长江，俯瞰鄱阳湖，是喀斯特熔岩，第四纪冰川遗迹。其得名，据北魏郦道元说微风鼓浪，水石相搏，其声若钟。唐李渤则认为是两块巨石相击之声，顾名石钟。北宋文学家苏轼曾实地考察以证其名。

# 念奴娇·过洞庭

## 张孝祥

张孝祥（1132~1170年），字安国，别号于湖居士，历阳乌江（今安徽和县乌江镇）人。南宋著名词人，书法家，唐代诗人张籍的七世孙。高宗时举进士第一，曾因上书为岳飞辩冤，为秦桧所忌。后被任为建康留守等地方长官，颇有政绩。他是南宋前期爱国词人中影响较大的作家，善诗文，尤工词，意境和苏词贴近，风格宏伟豪放，有《于湖居士文集》《于湖词》等传世。

　　洞庭①青草，近中秋，更无一点风色②。玉界琼③田三万顷，着④我扁舟⑤一叶。素月⑥分辉，明河⑦共影，表里⑧俱澄澈。悠然心会，妙处难与君说。

　　应念岭表经年⑨，孤光⑩自照，肝胆⑪皆冰雪。短发萧骚襟袖冷⑫，稳泛沧⑬溟空阔。尽挹⑭西江⑮，细斟北斗⑯，万象⑰为宾客。扣舷独啸⑱，不知今夕何夕⑲。

## 【注释】

①洞庭：湖名，在湖南岳阳西南。

②风色：风势。

③琼：美玉。

④着：附着。

⑤扁舟：小船。

⑥素月：洁白的月亮。

⑦明河：天河。明河一作"银河"。

⑧表里：里里外外。此处指天上月亮和银河的光辉映入湖中，上下一片澄明。

⑨岭表：岭外，即五岭以南的两广地区，作者此前为官广西。岭表一作"岭海"。经年：经过一年。

⑩孤光：指月光。

⑪肝胆：一作"肝肺"。冰雪：比喻心地光明磊落像冰雪般纯洁。

⑫萧骚：稀疏。萧骚一作"萧疏"。襟袖冷：形容衣衫单薄。

⑬泛沧：青苍色的水。

⑭挹（yì）：舀。挹一作"吸"。

⑮西江：长江连通洞庭湖，中上游在洞庭以西，故称西江。

⑯北斗：星座名。由七颗星排成像舀酒的斗的形状。

⑰万象：万物。

⑱扣：敲击。扣一作"叩"。啸：撮口作声。啸一作"笑"。

⑲不知今夕何夕，赞叹夜色美好，使人沉醉，竟忘掉一切（包括时间）。

## 【赏析】

宋孝宗乾道元年（1165年），张孝祥出任静江府，七月到任，次年六月，被谗落职，从桂林取道归江东，途经洞庭湖。

时正近中秋，月游湖上，作者信笔描绘出洞庭月夜水景。开篇点明时间、地点，湖水万顷，人之渺小。再从秋月写到秋水，美得澄净无尘，以此自喻词人心性坦荡，轩昂高洁。月夜清冷，使人凉意顿生，官场人情冷暖，更让人有萧条冷落之感。但词人不以为意，以主人自居，宴请天地万物为客，以长江水为酒，以北斗七星为器，招待天地万物，显现出超拔坦荡的胸襟。意境高远深阔，词脉贯通，以景起，以情收，运笔自如。

## 【诵读链接】

洞庭湖，古称云梦湖、九江、重湖，处于长江中游荆江南岸。洞庭湖之名，始于春秋、战国时期，因湖中洞庭山（今君山）而得名。与江西省的鄱阳湖、江苏省的太湖和洪泽湖、安徽省的巢湖并称为中国五大淡水湖。水域辽阔，古有"八百里洞庭"之说。

洞庭湖上多山，其中以君山，古称洞庭山、湘山最知名。与千古名楼岳阳楼遥遥相对，被"道书"列为天下第十一福地。名胜古迹众多，文化底蕴深厚。

# 武陵春·春晚①

## 李清照

李清照（1084~约1155年），号易安居士，山东济南人。李清照在诗、词、散文方面都有很高的造诣。工书、善画、通音律，极富才华，当中最优属词。词以南渡为界，分为前后两期。前期多写其少女、少妇的悠闲生活，后期多悲叹个人的不幸遭遇，情绪较为消沉。她的词主要继承婉约派的道路，又兼有豪放派的风格，创造出"易安体"，对后世影响较大。形式上善用白描手法，语言清丽。韵律流转如珠，富有音调美。

风住尘香花已尽②，日晚倦梳头③。物是人非事事休④，欲语泪先流⑤。闻说双溪春尚好⑥，也拟泛轻舟⑦。只恐双溪舴艋舟⑧，载不动许多愁。

## 【注释】

①武陵春：词牌名，又作"武林春""花想容"，双调小令。双调四十八字，上下阕各四句三平韵。这首词为变格。

②尘香：落花触地，尘土也沾染上落花的香气。花：一作"春"。

③日晚：一作"日落"，一作"日晓"。梳头：古代的妇女习惯，起床后的第一件事是梳妆打扮。

④物是人非：事物依旧在，人不似往昔了。三国曹丕《与朝歌令吴质书》："节同时异，物是人非，我劳如何？"宋贺铸《雨中花》："人非物是，半晌鸾肠易断，宝勒空回。"

⑤先：一作"珠"，沈际飞《本草堂诗余》注："一作珠，误。"《崇祯历城县志》作"欲泪先流"，误删"语"字。

⑥说：一作"道"。"尚好"：一作"向好"。双溪：水名，在浙江金华，是唐宋时有名的风光佳丽的游览胜地。有东港、南港两水汇于金华城南，故曰"双溪"。

⑦拟：准备、打算。宋姜夔《点绛唇》："第四桥边，拟共天随住。"辛弃疾《摸鱼儿》："长门事，准拟佳期又误。"轻舟：一作"扁舟"。

⑧舴艋舟：小船，两头尖如蚱蜢。唐张志和《渔父》词："钓台渔父褐为裘，两两三三舴艋舟。"

## 【赏析】

本篇写于宋高宗绍兴五年（1135年）避难金华，彼时，其夫赵明诚过世，珍藏的金石文物散失殆尽，词人孤身一人在战火中飘零他乡，情感孤苦异常。为严酷现实所逼迫的中年孀居之作，不同于李清照前期少妇的闺情怨词，充满了哀痛。这首词借暮春之景，写尽了词人内心深处的苦闷和忧愁。全词一长三叹，有言尽而意不尽之美。

上片词人面对狂风摧花，落红满地的景象，悲从中来。点明悲苦之情皆由"物是而非"。下片欲逃离愁情，却始终难以摆脱，使愁情更添深重。而将愁情之重以舟不可载来形容，化无形为有性，更加真实可感。

## 【诵读链接】

《武陵春》中的双溪即金华婺江双溪口地段（婺州公园一带），自古为金华十景之一。暮春的双溪景色落红满地，勾起李清照无尽的亡国之恨、飘零之苦和寡居之悲。同年春，李清照登临八咏楼。此楼建于南朝齐隆昌元年，原名玄畅楼，创建者为东阳郡太守、著名史学家、文学家沈约。此楼位于金华市老城区，面临婺江。李清照登楼远眺挥笔写下《题八咏楼》的千古绝唱："千古风流八咏楼，江山留与后人愁。水通南国三千里，气压江城十四州。"

# 踏莎行①·小径红稀

## 晏 殊

晏殊（991~1055年），字同叔，江西临床人，北宋文学家、政治家。少时以"神童"被荐入朝，官至仁宗一朝宰相。晏殊一生为国家重臣，工诗善文，又喜好文酒宴会，词有雍容华贵之态。晏殊尤擅小令，风格婉丽，与子晏几道，被称为"大晏"和"小晏"，存世有《珠玉词》《晏元献遗文》《类要》残本。

小径红稀②，芳郊绿遍，高台树色阴阴见③。春风不解禁杨花④，濛濛乱扑行人面⑤。

翠叶藏莺，朱帘隔燕⑥，炉香静逐游丝转⑦。一场愁梦酒醒时，斜阳却照深深院。

## 【注释】

①踏莎（suō）行：词牌名，又名"喜朝天""柳长春""踏雪行""平阳兴""踏云行""潇潇雨"等。双调小令，《张子野词》入"中吕宫"。五十八字，上下片各三仄韵。四言双起，例用对偶。

②红稀：花儿稀少、凋谢。意思是到了晚春时节。红：指花。

③高台：高高的楼台，这里指高楼。阴阴见：暗暗显露。阴阴：隐隐约约。

④不解：不懂得。

⑤濛濛：形容细雨。这里形容杨花飞散的样子。

⑥翠叶藏莺，珠帘隔燕：意谓莺燕都深藏不见。这里的莺燕暗喻"伊人"。

⑦游丝转：烟雾旋转上升，像游动的青丝一般。

## 【赏析】

这首词描绘了郊外暮春初夏的景象，通体写景，景中见情，写景工细。

上片作者移步换形，观察入微，描写逐渐消逝的暮春之相。静中有动，"稀""遍""见"三词显示出春的动态变化。杨花扑面，不被春留的拟人手法，写尽了杨花飘舞送春远去。"翠叶藏莺，珠帘隔燕"，分写室外与室内，自然转接进下片。描写出归来之景，午间酒困小睡，一觉醒来，已是夕落时分。斜阳照深院，生出永日无聊的情思。

# 荔枝节选

## 范成大

范成大（1126~1193 年），字致能，号石湖居士，平江吴郡（江苏苏州）人。与陆游、杨万里、尤袤并称为"中兴四大诗人"。范成大素有文名，但除诗集与游记外，流传下的其他文章并不多。范成大主要成就在田园诗，展现了宋代浓郁的乡土气息。杨万里评价范成大"风神英迈，意气倾倒，拔新领异之谈，登峰造极之理，萧然如晋宋间人物"，已是极高的评价。

招送客燕①于眉山馆，与叙别。荔子已过②。郡中犹余一株，皆如渥丹，尽撷③以见饷。偶有两盘留馆中，经宿取视，绿叶红实粲然。乃知寻常用篮络盛贮，徒欲透风，不知为雨露沾洒，风日炙薄④，经宿色香都变。试取数百颗，贮以大合⑤，密封之，走介⑥入成都，以遗高、朱二使者，亦两夕到。二君回书云："风露之气如新"，记之以告好事者。

## 【注释】

①燕：通"宴"，设宴款待。

②过：谢市。

③撷：采摘。

④风日炙薄：风吹日晒。

⑤合：通"盒"。

⑥走介：亦作"走价"。供奔走的仆役、小使。

## 【赏析】

范成大的《吴船录》共上、下二卷，是日记体游记中非常重要的一部著作。宋孝宗淳熙四年（1177 年），作者自四川制置使召还，五月由成都起程，取水路东下，十月抵达临安（今浙江杭州），根据沿途所见著作此书。书中对沿途名胜古迹有详细的记载，且时有考证。在民俗文化、景物描写、考证等方面皆有很大的建树。本文为其中的节选。

本文有关荔枝的一段记录颇有价值。范成大喜食荔枝，对喜好之物的观察相当精细，他是游历经验丰富之人，对"万卷书"并不盲从，善于在行"万里路"中觉察理实的差距。也有足够的阅历和能力将前后经验贯穿、归类、对比、辨析成系统性的知识。"荔枝"一段在《吴船录》中多次出现，他将个人与前人经验相对比，得出许多很有生活实用性和民俗文化的结论。

更难得的是范成大的文字工细，观察入微，虚实和静动结合，文脉通畅。《吴船录》中景点的记录多是作家实地考察和求证的结果，反映出学术上的认真求实。也将其作与宋代一般的追求景物、领悟理解、主理尚意的游记区分开来。

# 龙井题名记①

## 秦 观

秦观（1049~1100 年），字少游，一字太虚，别号邗沟居士，江苏高邮人。因苏轼举荐，除太学博士，兼国史院编修官。新党执政，遭遇贬斥，死于藤州。秦观的词受到柳永词的影响，擅长描写感伤情绪与凄清景象。贬官后的词风接近李煜。

元丰二年②，中秋后一日，余自吴兴③来杭，东还会稽④。龙井有辨才⑤大师，以书邀余入山。比出郭⑥，日已夕，航湖至普宁⑦，遇道人参寥⑧，问龙井所遣篮舆，则曰："以不时至，去矣。"⑨

是夕，天宇开霁⑩，林间月明，可数毫发。遂弃舟，从参寥策杖并湖而行。出雷峰，度南屏，濯足⑪于惠因涧，入灵石坞⑫，得支径上风篁岭，憩于龙井亭，酌泉据石而饮之。自普宁凡经佛寺十五，皆寂不闻人声。道旁庐舍，灯火隐显，草木深郁，流水激激悲鸣，殆非人间之境。行二鼓<sup>⑬</sup>，始至寿圣院<sup>⑭</sup>，谒辨才于朝音堂，明日乃还。

## 【注释】

①龙井：在今浙江杭州市西风篁岭上，本名龙泓，原指山泉，龙井是以泉名井。附近环山产茶，即著名的西湖龙井茶。题名：题写姓名，以留作纪念。

②元丰二年：即公元1079年。

③吴兴：今浙江吴兴县。

④会稽：今浙江绍兴。

⑤辨才：法号元静，曾在灵隐山天竺寺讲经，元丰二年（1079年）住寿圣院。辨才和下文提到的参寥，都是苏轼的朋友。

⑥比出郭：等到出城的时候。比：及。郭：外城，这里指杭州城。

⑦航：渡。普宁：寺庙名。

⑧道人：即僧人。参寥：法号道潜，自号参寥子，有诗名。

⑨"问龙井"三句：意谓我询问辨才大师派来的轿子在哪里，参寥便说，因我没有按时到达，轿夫已经抬回去了。篮舆：竹轿。

⑩天宇开霁（jì）：天空晴朗。霁：雨过天晴。

⑪濯：洗，洗涤

⑫灵石坞：山名，在杭州小麦岭西南，一名积庆山。

⑬行二鼓：快二更天了。行：将要。

⑭始：才。寿圣院：寺院名，离龙井约一里地。

## 【赏析】

本文写于元丰二年（1079年）秋，以入山访友为线索，描写了月下西湖的山林景色。移步换景，点明行走的路线和景色。诗人善于营造清幽寂静的氛围，草木繁盛，中间闪烁着点点灯火，流水潺潺，更添山林寂静空旷之感，远离尘世。月夜之中使人的耳目和心思也澄明起来。

作者漫游山水，表现景物不平均用力，择其可书者染点刻绘，使人深感景之优美、境之幽奇。寥寥数语，道出清幽之境，是心思敏锐、细腻感性之人。

# 八声甘州①·对潇潇暮雨洒江天

## 柳　永

柳永（约987~约1053年），原名三变，字耆卿，福建崇安人，北宋著名词人，婉约派代表人物。柳永是北宋第一位专力写词的作家，也是两宋词坛上创用词调最多的词人。长期生活在市民阶层，受乐工影响，大力创制慢词，为词家在小令之外提供了容纳更多内容的新形式。风格自成一派，以白描见长，充分运用俚词俗语，对宋词的发展产生了深远影响。

对潇潇暮雨洒江天，一番洗清秋②。渐霜风凄紧③，关河冷落，残照当楼④。是处红衰翠减⑤，苒苒物华休⑥。惟有长江水，无语东流。

不忍登高临远，望故乡渺邈⑦，归思难收⑧。叹年来踪迹，何事苦淹留⑨？想佳人妆楼颙望⑩，误几回、天际识归舟⑪。争知我，倚阑干处⑫，正恁凝愁⑬！

## 【注释】

①八声甘州：词牌名，原为唐边塞曲。简称"甘州"，又名"潇潇雨""宴瑶池"。全词共八韵，所以叫"八声"。词分上下两片，上片写景，下片抒情，脉络十分清晰。

②"对潇潇"二句：写眼前的景象。潇潇暮雨在辽阔江天飘洒，经过一番雨洗的秋景分外清朗寒凉。潇潇：下雨声。一说雨势急骤的样子。一作"萧萧"，义同。清秋：清冷的秋景。

③霜风：指秋风。凄紧：凄凉紧迫。关河：关塞与河流，此指山河。

④残照：落日余光。当：对。

⑤是处：到处。红衰翠减：指花叶凋零。红：代指花。翠：代指绿叶。此句为借代用法。

⑥苒（rǎn）苒：同"荏苒"，形容时光消逝，渐渐（过去）的意思。物华：美好的景物。休：这里是衰残的意思。

⑦渺邈（miǎo）：远貌，渺茫遥远。一作"渺渺"，义同。

⑧归思（sì）：渴望回家团聚的心思。

⑨淹留：长期停留。

⑩佳人：美女。古诗文中常用代指自己所怀念的对象。颙（yóng）望：抬头凝望。颙，一作"长"。

⑪误几回：多少次错把远处驶来的船只当作心上人的归舟。语意出温庭钧《望江南》词："过尽千帆皆不是，斜晖脉脉水悠悠，肠断白蘋洲。"天际：指目力所能达到的极远之处。

⑫争（zěn）：怎。处：这里表示时间。"倚阑干处"即"倚栏杆时"。

⑬恁（nèn）：如此。凝愁：愁苦不已，愁恨深重。凝：表示一往情深，专注不已。

## 【赏析】

本篇描写词人深切的思乡情义，透露出仕途失意的苦闷。上片描写雨后的秋景，气氛凄凉萧条。情景交融，与心境相贴合。下片抒情，"望故乡渺邈，归思难收"点名主题，抒情毫无阻滞，层次分明。先是自怨自艾，再是情思辗转，继而收回情思，用倾诉的语气，道出难解之愁。一波三折，细腻缠绵。布局严谨，先景后情，却密不可分，浑然一体。

# 第四部分　元明清

# 岳鄂王墓①

## 赵孟頫

赵孟頫（fǔ）（1254~1322 年），字子昂，号松雪道人、水晶宫道人、鸥波，浙江吴兴（今浙江湖州）人。宋太祖赵匡胤十一世孙，以四世祖秀王伯圭赐第湖州，故为湖州人。至元二十三年（1286 年），行台侍御史程钜夫奉诏搜访遗逸于江南，赵孟頫被举荐，受元世祖忽必烈礼遇，授兵部郎中，历任集贤直学士、江浙等处儒学提举、翰林侍读学士等职，累官至翰林学士承旨、荣禄大夫。至治二年（1322 年）逝世。获封魏国公，谥号"文敏"，著有《松雪斋文集》等。

赵孟頫博学多才，为宋末元初著名书画家、诗人。其书法篆、籀、分、隶、真、行、草书，无不冠绝古今，与欧阳询、颜真卿、柳公权并称"楷书四大家"；其开创元代新画风，画山水、木石、花竹、人马，尤精致，被称为"元人冠冕"；其诗文则清邃奇逸，读之使人有飘飘出尘之想。

> 鄂王墓上草离离②，秋日荒凉石兽危③。
> 南渡君臣轻社稷④，中原父老望旌旗。
> 英雄已死嗟何及⑤，天下中分遂不支。
> 莫向西湖歌此曲，水光山色不胜⑥悲。

## 【注释】

①岳鄂王：岳飞，南宋抗金名将。宋宁宗时追封岳飞为鄂王。

②离离：繁茂的样子。

③危：高峻屹立。

④社稷：土神和谷神，代指国家。

⑤嗟何及：叹息也来不及。

⑥不胜：经不住，不能承担。

**【赏析】**

南宋灭亡后，赵孟頫经过岳飞墓，触景生情，写下了这首凭吊诗。诗歌批判了窃居高位的南宋统治者只知偷安享乐，不思收复失土，终致宋朝灭亡。诗歌首先描写了岳飞墓的样子，野草繁茂，日暮秋凉，石兽蠹立。接着写统治者的苟且偷安——"轻社稷"，与百姓的热切期望——"望旌旗"，一反一正，两者形成鲜明对比，最后以湖山水色衬托出深切的亡国之哀。诗歌表达了作者对岳飞的钦佩赞美之情，以及对南宋统治者的愤慨谴责之意。

**【诵读链接】**

南宋绍兴十一年（1142 年），抗金名将岳飞被秦桧等人以"莫须有"的罪名杀害，狱卒隗顺背负其遗体逃出临安城，至九曲丛祠，葬之于北山。南宋孝宗以礼改葬于杭州西湖边栖霞岭下，以后历朝历代对岳飞墓屡有整修。南宋嘉定十四年（1221 年），西湖北山智果观音院改为"褒忠衍福禅寺"，明英宗天顺年间，改"褒忠衍福禅寺"为岳王庙，并赐额"忠烈"。清康熙十五年（1715 年）重修，民国七年（1918 年），进行整体大修，并在忠烈祠门厅上悬挂了"岳王庙"匾额。1978 年至 1979 年年底，按南宋原规格大体修复，后重新开放。岳飞墓现为全国重点文物保护单位、全国中小学生爱国主义教育基地。

岳飞墓分为忠烈祠区、墓园区、启忠祠区三部分，均以石块围砌而成。中间的墓园区，沿东西向轴线对称布局，穿过墓门有甬道通至墓前，岳飞墓在正中，墓碑刻有"宋岳鄂王墓"。岳飞墓的左侧是岳云墓，墓碑上写着"宋继忠侯岳云墓"。墓园区东西两侧分别是忠烈祠和启忠祠，为墓的附属建筑。墓四周古柏森森，有石栏围护，石栏正面望柱上刻有"正邪自古同冰炭，毁誉于今判伪真"一联。墓门下四个铁铸人像，即陷害岳飞的秦桧、王氏、张俊、万俟卨四人，面墓而跪。跪像背后墓门联为"青山有幸埋忠骨，白铁无辜铸佞臣"。前有照壁，上嵌明人洪珠书写的"尽忠报国"四个字。

# 【双调】寿阳曲·潇湘夜雨①

### 马致远

马致远（约 1250~约 1321 年至 1324 年间），号东篱，元大都（今北京市）人，曾任浙江行省官员，其生平事迹不详。元末明初贾仲明挽词称："万花丛里马神仙，百世集中说致远，四方海内皆谈羡。战文场，曲状元，姓名香贯满梨园。"马致远是元代著名杂剧、散曲作家，与关汉卿、郑光祖、白朴并称"元曲四大家"，其作品《天净沙·秋思》被称为秋思之祖。有杂剧《汉宫秋》《青衫泪》等，近人任讷辑马致远散曲为《东篱乐府》。

渔灯暗，客梦回[②]。
一声声滴人心碎。
孤舟五更家万里，
是离人几行清泪。

## 【注释】

①双调：宫调名。寿阳曲：曲牌名。潇湘夜雨：曲题。
②梦回：梦醒。

## 【赏析】

这这是一首表达羁旅天涯、心念故园的乡愁之作。曲子作于诗人由江西到湖南后。孙楷第《元曲家考证》云，马致远先是"宦江浙"，"至治末始改江西"。而马致远的同时之作《寿阳曲·洞庭夜雨》又说"有豫章故人来也"，豫章即江西，说明诗人此时已到湖南，客居他乡。曲中第一句的"暗"字既是写实——说明夜雨天渔灯昏暗，又为全篇定下低沉暗淡的感情基调。诗人梦醒后对着渔舟，听到阵阵雨声，心都碎了。所谓者何？"孤舟""夜雨""家万里"，不禁潸然泪下。曲子最后的"离人几行清泪"，以情景结尾，渲染了羁旅的愁苦悲思，正如《天净沙·秋思》中"断肠人在天涯"之意。

## 【诵读链接】

潇湘，湘水在永州境内与潇水汇合后，称为潇湘，也借指湖南。湖南潇湘一带有八处佳景，合称"潇湘八景"。八景在湖南境内也各有所指，一般的说法为：潇湘夜雨——永州市苹岛潇湘亭，烟寺晚钟——衡山县清凉寺，渔村落照——桃源县武陵溪，洞庭秋月——岳阳市岳阳楼，江天暮雪——长沙市湘江中心，橘子洲头，山市晴岚——湘潭市昭山，远浦帆归——湘阴县城江岸，平沙落雁——衡阳市回雁峰。元张远绘有

《潇湘八景图》。而马致远以《寿阳曲》为曲牌写了八支曲子，曲题与八景同名，曲子内容也扣八景含义。其中《潇湘夜雨》为哀怨的愁思之作。元揭奚斯诗："渹渹湘江树，荒荒楚天路。稳系渡头船，莫教流下去。"诗中心境也与夜雨一般缠绵愁苦。

# 山坡羊·潼关怀古

## 张养浩

张养浩（1270~1329年），字希孟，号云庄，又称齐东野人，济南（今山东济南）人，元代政治家、文学家。张养浩少有才学，被荐为东平学正，历任礼部令史、堂邑县尹、右司都事、礼部侍郎知贡举等。天历二年（1329年），陕西大旱，饥民相食，特拜陕西行台中丞，前去赈灾治理，后积劳成疾，卒于任上。至顺二年（1331年），追赠摅诚宣惠功臣、荣禄大夫、陕西等处行中书省平章政事、柱国，追封滨国公，谥文忠。有《三事忠告》《归田类稿》等。散曲集有《云在休居自适小乐府》。

峰峦如聚①，波涛如怒，山河表里潼关路。望西都②，意踟蹰③。伤心秦汉经行处④，宫阙⑤万间都做了土。兴，百姓苦；亡，百姓苦！

## 【注释】

①峰峦如聚：重岩叠嶂，山峰连绵，像是聚集在一起。
②西都：指长安（今陕西省西安市）。
③意踟蹰（chí chú）：犹豫不前。这里暗指内心感慨万千。
④伤心秦汉经行处：经过秦、汉故地，引起无穷伤感。
⑤阙：王宫前的望楼。

## 【赏析】

天历二年（1329年），陕西大旱，张养浩前去赈灾救民。经过潼关，写下这首元曲中的经典之作。曲子思想性与艺术性完美结合。全曲可以分为三层：第一层，第一句，写出潼关的险要壮丽景象，"山河表里"，气势非凡，由此引发作者感慨。第二层，第二到第三句，写作者西望长安的感慨。为何"意踟蹰"又"伤心"？因为曾经的宫阙成了断壁残垣，昔日的繁华已经灰飞烟灭。一个"土"字点出无限伤感之意。为何变土，发人思考。这两句，虽没有直接提到战争，然而历代改朝换代的战争的惨烈图景触目惊心。第三层，最后两句。这是历史经验的总结。宫阙万间表示新的朝代建立，新朝大兴土木，修建宫殿，给百姓带来巨大灾难。"做了土"是因为朝代更替中战火纷飞，百姓在战争中遭殃。无论兴亡，百姓都苦。这一历史经验正是从历代帝王兴亡中概括出来的。全曲表达环环相扣，用意层层深入，由写景逐步上升到对历史的思考，景、情、理浑然一体。全曲语言精练，感情充沛，意味深长，是整个元曲中的优秀作品。

## 【诵读链接】

潼关位于陕西省渭南市潼关县北，外有黄河，内有华山，"山河表里"，形势十分险要。《水经注》载："河在关内，南流潼激关山，因谓之潼关。"潼关始建于东汉建安元年（196 年），周围山峰相连，深谷绝崖，山高路险，中间通一条狭窄的羊肠小道，往来仅容一车一马。杜甫《潼关吏》有诗："丈人视要处，窄狭容单车，艰难奋长戟，万古用一夫。"潼关地处黄河渡口，是陕西、山西、河南三省要冲，扼守长安至洛阳驿道中，是汉末以来东入中原和西出关中、西域的必经之地，历来为兵家必争之地，有"畿内首险""四镇咽喉""百二重关"等美誉。

# 庐山瀑布谣

## 杨维桢

杨维桢（1296~1370 年），字廉夫，元末明初著名文学家、书画家。因筑楼铁崖山中，居楼读书五年不下，遂号铁崖；好吹铁笛，又自号铁笛道人。又号铁心道人、铁冠道人、梅花道人等，晚号老铁、抱遗老人、东维子。绍兴诸暨州枫桥（今浙江绍兴诸暨市枫桥镇）人。泰定四年（1327 年）进士，任天台县尹，改绍兴钱清盐场司令，十年不调。元末兵乱，浪迹于浙西山水之间。明初征诏遗逸之士。洪武三年（1370 年），至京师，居留百余日回家，同年逝世。有《史义拾遗》《东维子文集》《铁崖先生古乐府》《复古诗集》等。

银河忽如瓠子①决，泻诸五老之峰②前。
我疑天仙织素练，素练脱轴③垂青天。
便欲手把并州④剪，剪取一幅玻璃烟。
相逢云石子⑤，有似捉月仙⑥。
酒喉无耐夜渴甚，骑鲸⑦吸海枯桑田。
居然化作十万丈，玉虹倒挂清冷渊。

## 【注释】

①瓠子：地名，在今河南省濮阳市濮阳县南。据说，汉武帝时，黄河在瓠子决口。汉武帝亲临指挥堵塞，作瓠子之歌，黄河遂改道北行。

②五老之峰：即五老峰。庐山中并列的五座山峰，仰望俨若五位老人席地而坐，人们便将这五座山峰统称为"五老峰"。

③脱轴：脱离线轴。

④并州：地名，治所在今山西省太原市，古时以产剪刀著称。

⑤云石子：即贯云石（1286~1324年），元代著名诗人、散曲家。原名小云石海涯，因父名贯只哥，即以贯为姓。仁宗时拜翰林侍读学士、中奉大夫，不久称疾辞官，隐于杭州一带买药为生。

⑥捉月仙：指李白。相传李白酒醉，泛舟采石矶，跳入江中捉月而亡。

⑦鲸：大鱼。骑鲸比喻隐遁或游仙。俗传李白醉酒骑鲸，溺死于浔阳。杜甫诗《送孔巢父谢病归游江东兼呈李白》："几岁寄我空中书，南寻禹穴见李白。"清仇兆鳌注：南寻句，一作"若逢李白骑鲸鱼"。

## 【赏析】

杨维桢诗歌最富特色的是其古乐府，既婉丽又雄迈，文采映照一时，"声光殷殷，摩戛霄汉"（宋濂《杨君墓志铭》），人称"铁崖体"。本诗歌庐山瀑布，相较李白的"疑是银河落九天"，内容上更加丰富。诗歌首先以从青天而来的银河决口比喻庐山瀑布水量的磅礴，以同样来自青天的织女素练比喻瀑布水质的洁白。"玻璃烟"形容瀑布清澈纯净。接着以李白、贯云石的隐逸游仙之事进一步渲染了庐山瀑布的雄丽。最后以"十万丈"说明瀑布气势，"玉虹"入渊喻瀑布美洁。本诗以多种比喻以及神异典故，表现了庐山瀑布的雄丽，也表达了作者隐逸高洁的情怀。

## 【诵读链接】

　　庐山，又名匡山、匡庐，位于江西省九江市庐山市境内，是世界文化遗产、世界地质公园、国家重点风景名胜区、全国重点文物保护单位、中国四大避暑胜地。庐山以雄、奇、险、秀闻名于世，素有"匡庐奇秀甲天下"（白居易诗句）之美誉。庐山著名景点有三叠泉、五老峰、含鄱口、锦绣谷、花径、芦林湖等。其中庐山瀑布号称"天下三奇之一"，以水量大、落差大、数量多闻名于世。庐山名胜古迹遍布，是历史文化名山，历为文人骚客流连吟咏。中国最早的山水诗歌，如东晋谢灵运的《登庐山绝顶望诸峤》、南朝鲍照的《望石门》都是咏庐山。唐代李白数次游历，创作庐山诗歌十多首，尤以《望庐山瀑布》广为流传。宋苏轼的《题西林壁》诗句"不识庐山真面目，只缘身在此山中"，既是写实，又蕴哲理，影响深远。

# 长江万里图

## 杨　基

　　杨基（1326~1378年），字孟载，号眉庵。原籍嘉州（今四川省乐山市）人，后因祖父在江南做官，遂以吴中（今江苏省苏州市）为家，他生长于吴县天平山南。元末为张士诚幕僚，明初为荥阳知县，累官至山西按察使，后遭诽谤撤职，罚服劳役，卒于工所。有《眉庵集》。杨基以诗著称，与高启、张羽、徐贲为诗友，后人称"明初四杰"。又曾呈《铁笛诗》于杨维桢。杨维桢读后，对其倍加赞赏："吾意诗径荒矣，今当让子一头地。"（见《尧山堂外纪》卷十八），故当时又有老杨、小杨之称。

我家岷山①更西住，正见岷江②发源处。
三巴③春霁④雪初消，百折千回向东去。
江水东流万里长，人今漂泊尚他乡⑤。
烟波草色时牵恨，风雨猿声欲断肠。

## 【注释】

　　①岷山：是自甘肃省西南部延伸至四川省北部的一褶皱山脉，主峰雪宝顶位于四川

省松潘县。岷山是长江水系的岷江、涪江、白水河与黄河水系的黑水河的分水岭，岷江、嘉陵江的发源地。

②岷江：长江上游的重要支流。岷江有东西二源，以西源大渡河为正源。

③三巴：东汉末益州牧刘璋分巴郡为永宁、固陵、巴三郡，后又改为巴、巴东、巴西三郡，称为三巴。相当今四川嘉陵江和綦江流域以东的大部。李白《宣城见杜鹃花》诗句："一叫一回肠一断，三春三月忆三巴。"

④霁：风雪停止，云雾消散。

⑤尚他乡：还客居异乡。

## 【赏析】

杨基诗风清俊纤巧，写景咏物常有佳品。这首是题在长江万里图上的诗。诗歌从长江发源地及其上游河流写起，滔滔江水，自西向东，百转千回，万里而下。一路烟波草色，风雨猿啼，这些景象无不牵念诗人的思乡之情，所谓"牵恨""断肠"。渔者歌曰："巴东三峡巫峡长，猿鸣三声泪沾裳。"（郦道元《三峡》，三巴猿啼，令人闻声断肠。）断肠因为思乡，人之漂泊如江水漂流，如万里转蓬。全诗语言清畅，叙述、描写与抒情合为一体，在景物描写中融入人之情感。

## 【诵读链接】

岷山，位于四川省松潘县北，绵延于四川、甘肃两省边境，为长江、黄河两大水系分水岭。甘肃境内为岷山北，由花尔盖山、光盖山、迭山、古麻山等组成。四川境内为岷山主体部分，有摩天岭、雪宝顶、九顶山、青城山、峨眉山、四姑娘山、鹧鸪山等著名山峰。山体由砂岩、板岩、石灰岩和花岗岩等组成，地形崎岖，富煤、铁、铜、金、铅、锌、铀、水晶等矿产。岷山多海子，较大者为花海子、红星海子、干海子、长海子等，以南坪九寨沟最集中。岷山山清水秀，林谷深切，是中国自然与文化遗产旅游资源的富集区，是巴蜀文化的发祥之地，拥有世界自然遗产九寨沟、黄龙、大熊猫栖息地、世界文化遗产青城山－都江堰、世界自然与文化双遗产峨眉山－乐山大佛世界遗产，建立了唐家河、王朗、九寨沟、白河、白水江和铁布六个自然保护区，保护大熊猫、金丝猴、扭角羚等珍稀动物。

# 登金陵雨花台望大江

## 高　启

　　高启（1336~1374年），字季迪，号槎轩，平江路（明改苏州府）长洲县（今江苏省苏州市）人。元末隐居吴淞江畔的青丘，自号青丘子。明洪武初受诏修《元史》，授翰林院国史编修。洪武三年（1370年），明太祖朱元璋拟委高启户部侍郎，高启辞谢不赴，返青丘授徒。苏州知府魏观在张士诚宫址改修府治，获罪被诛。高启曾为魏观作《上梁文》，有"龙蟠虎踞"语，被疑歌颂张士诚，连坐腰斩。

　　高启博学工诗，与刘基、宋濂并称"明初诗文三大家"。高启诗作力改元末纤秾缛丽之习，模拟汉魏唐宋古调之作中，自有精神意象，但是未能形成自己的诗作风格。有《高太史大全集》《凫藻集》等。

大江来从万山中，山势尽与江流东。
钟山如龙独西上，欲破巨浪乘长风①。
江山相雄不相让，形胜②争夸天下壮。
秦皇空此瘗黄金③，佳气葱葱至今王④。
我怀郁塞何由开？酒酣走上城南台⑤。
坐觉苍茫万古意，远自荒烟落日之中来。
石头城⑥下涛声怒，武骑千群谁敢渡！
黄旗入洛⑦竟何祥？铁锁横江未为固⑧。
前三国，后六朝，草生宫阙何萧萧！
英雄时来务割据，几度战血流寒潮。
我今幸逢圣人起南国⑨，祸乱初平事休息⑩。
从今四海永为家⑪，不用长江限南北。

## 【注释】

　　①破巨浪乘长风：乘风破浪。南朝宋人宗悫（què）小时候，叔父问他的志向，宗悫说："愿乘长风破万里浪。"

②形胜：地理形势优越。

③瘗（yì）黄金：埋黄金。相传秦始皇曾在紫金山埋下黄金以镇压南京的"王气"。《金陵地记》："秦始皇时，望气者云金陵有帝王之气。乃埋黄金杂宝于钟山。"（见《景定建康志》卷十七）

④王（wàng）：通旺，旺盛。

⑤城南台：指雨花台，位于南京市南聚宝山上。相传梁武帝时，云光法师在此讲经，天上下起花片雨。

⑥石头城：故址在今南京市清凉山，战国时楚国修筑，称金陵城。三国时孙权重修，改称石头城。

⑦黄旗入洛：东吴刁玄谣言："黄旗紫盖见于东南，终有天下者，荆扬之君乎？"吴主孙皓听信，以为吉兆，率领家人士兵西上，说青盖入洛阳，以顺天命。路遇大雪，士兵疲惫不堪，都表示如果遇到敌人，就倒戈投降。孙皓只得中途返回。（事见《三国志·吴书·孙皓传》注引《江表传》）280年，西晋伐吴，孙皓投降，全家被迁洛阳。

⑧铁锁横江未为固：太康元年（280年），王濬伐吴，吴国在长江险要处用铁锁横截，又将铁锥暗暗放置江中，以阻拦战舰。王濬俘获吴国间谍，得知其中情形，便用大木筏扫除铁锥，又纵火烧断铁锁。晋兵渡江灭吴。

⑨圣人：指朱元璋。朱元璋是安徽凤阳人，起兵南方。

⑩休息：休养生息。

⑪四海永为家，四海一家：指全国统一。《史记·高祖本纪》："天子以四海为家。"

## 【赏析】

这首诗作于洪武二年（1369年）。时明朝初建，诗人被征召入朝修史，怀抱理想，登上南京雨花台，眺望荒烟落日中的长江，有感而作。诗歌前八句描写了南京形胜，王者气象，钟山巍峨，大江滔滔。接着诗人由眼前的雄伟景象转向深邃的历史思考。南京是都会之城，历来为兵家必争之地。在这里建都的六朝帝王，演出了一幕幕悲剧故事。依靠江山形胜、长江天险固守南京的帝王都以失败告终。"前三国，后六朝，草生宫阙何萧萧"，当时的繁华宫阙都淹没在荒草暮烟之中；"几度战血流寒潮"，那些割据的英雄都是以士兵战争百姓流血为代价建立起来的。而今南京依旧"佳气葱葱"，王气不衰，这不仅是在形胜，还在于德行。由此转入歌颂明太祖朱元璋的圣德，四海为家，休养生息。这首诗用豪迈的笔调描绘了南京地理的雄伟壮丽。诗人在缅怀历史的同时，发出深深感慨，又从历史的深层反思中转入对现实的赞美。诗歌总体上是欢快昂扬的，但又蒙上一层沉郁的历史阴影，既有豪放伟岸的气势，又具沉郁顿挫的情致。

## 【诵读链接】

　　南京，江苏省省会，简称"宁"，别称"金陵""建康""石头城""博爱之都"等，位于长江下游中部地区，江苏省西南方，是中国东部地区重要的中心城市，江苏省政治、经济、文化和科教中心，国家历史文化名城。南京名胜古迹众多，山水形胜有紫金山、玄武湖、莫愁湖、牛首山、石头城等，明代遗迹有明孝陵、明故宫、明城墙、宝船遗址等，民国建筑有中山陵、总统府、颐和路公馆区、美龄宫、音乐台等，宗教文化建筑有夫子庙、大报恩寺、栖霞寺、鸡鸣寺等。

　　南京地理位置十分优越，虎踞龙蟠，雄伟壮丽，气度不凡，与北京、西安、洛阳并称为中国四大古都，素有"六朝古都""十朝都会"的美誉。周灵王元年（公元前571年），楚国设棠邑（在今南京市六合区），置棠邑大夫，是南京有历史记载的最早地方建置。以后南京的发展既得益于其地理形势，又屡遭兵燹之灾，一次次繁华，一次次被破坏，但是南京每次都能在废墟瓦砾堆中再度崛起，物华天宝，人物风流。朱偰先生比较四大古都后说："此四都之中，文学之昌盛，人物之俊彦，山川之灵秀，气象之宏伟，以及与民族患难相共，休戚相关之密切，尤以金陵为最。"

# 飞来峰小记

### 袁宏道

　　袁宏道（1568~1610年），字中郎，又字无学，号石公，又号六休，湖北公安（今湖北省公安县）人。万历二十年（1592年）进士，二十三年，被选为吴县（今江苏省苏州市）县令。二十六年为顺天府（今北京市）教授，历任国子监助教、礼部仪制清吏司主事、吏部验封司主事，官至吏部考功员外郎，三十八年告归，病逝。

　　袁宏道是明代反对复古运动的主要人物。他反对前后七子倡导的"文必秦汉，诗必盛唐"的复古风气，也反对唐顺之、归有光等模拟唐宋古文的做法，提出"独抒性灵，不拘俗套"的"性灵说"，与其兄袁宗道、弟袁中道并称"公安三袁"。其文学流派世称"公安派"或"公安体"，有《袁中郎全集》等作品。

　　湖上①诸峰，当以飞来为第一，高不余数十丈，而苍翠玉立。渴虎奔猊②，不足为其怒也；神呼鬼立，不足为其怪也；秋水暮烟，不足为其色也；颠书吴画③，不足为其变幻诘曲④也。石上多异木，不假⑤土壤，根生石外。前后大小洞四五，窈窕通明，溜孔作花⑥，若刻若镂，壁间佛像皆杨秃⑦所为，如美人面上瘢痕奇丑可厌。

余前后登飞来者五：初次与黄道元、方子公同登，单衫短后，直穷莲花峰顶。每遇一石，无不发狂大叫。次与王闻溪同登。次为陶石篑、周海宁。次为王静虚、石篑兄弟。次为鲁休宁，每游一次，辄思作一诗，卒不可得。

## 【注释】

①湖上：湖即西湖。湖上指西湖或其周边。
②猊（ní）：狮子，又名狻（suān）猊。
③颠：指唐代著名书法家张旭，善草书，据《旧唐书》的记载，张旭每醉后号呼狂走，索笔挥洒，时称张颠。吴：指吴玄，唐代著名画家，善画鬼物。
④诘（jié）曲：也作诘屈，屈曲意。
⑤假：借助，凭借。
⑥溜孔：石上滴溜如乳。作花：指石上花纹。
⑦杨秃：指唐代著名雕塑家杨惠之，杨善塑罗汉。

## 【赏析】

袁宏道万历二十三年（1595年）被选为吴县县令，因吏事繁杂、作令甚苦，不得清闲，即托故辞职。辞职后，袁宏道并没有直接返乡，而是遍游东南名胜，开阔眼界。当他在杭州读到徐渭《阙编》，倾倒于徐渭的"恣臆谈谑，了无忌惮"诗风，更反对当时复古文风，提出"性灵"之说，要求诗文"从自己胸臆中流出"。袁宏道游玩东南，写下数十篇游记，这些游记状物抒情，毫无雕饰之弊，从真性情流出。本文状写飞来峰之气势、外形、草木、雕塑等，简捷点染，画出飞来峰的灵性。本文表达了作者与常人不同的独到审美情趣，以及对自然山水性灵的赞美，也表现了自己不与世俗同流、以山水为乐的情感。

## 【诵读链接】

飞来峰，山高168米，位于西湖西面，下有灵隐寺。《舆地志》记载：晋时西方僧人慧理登此，叹曰："此是中天竺国灵鹫山之小岭，不知何年飞来？"因号其峰飞来。亦名灵鹫峰。由于长期受地下水的溶蚀，飞来峰形成了许多奇幻洞壑。山峰厅岩怪石林立，形态各异，山上古树老藤盘根错节，裸露石外。面对灵隐寺的一面山坡上，遍布五代以来佛教石窟雕像，是江南少见的古代石窟艺术瑰宝。其中袒胸露乳的弥勒佛，是飞来峰中最大的造像，是宋代雕塑艺术的代表之作。飞来峰东麓，有隋朝古刹法境寺（下天竺），再向西南行，有法净寺（中天竺）和法喜寺（上天竺），合称"三天竺"。我们游览飞来峰，徜徉于灵隐、"三天竺"之间，奇峰怪石，幽秀绝伦，深切感受到西湖秀丽风景以及悠久的佛教历史文化。

# 游虎丘小记

## 李流芳

李流芳（1575~1629年），字茂宰，又字长蘅，号檀园，又号香海、泡庵、六浮道人，晚号慎娱居士。嘉定（今属上海市）人。万历三十四年（1606年）中举，后困于会试，绝意仕进，隐居乡里。李流芳工诗文、绘画，也精书法、篆刻，与唐时升、娄坚、程嘉燧并称"嘉定四先生"，与归昌世、王志坚并称"昆山三才子"，又被誉为"画中九友"之一。有《檀园集》。

　　虎丘，中秋游者尤盛，士女①倾城而往，笙歌笑语，填山沸林，终夜不绝，遂使丘壑化为酒场，秽杂可恨！

　　予初十日到郡，连夜游虎丘，月色甚美，游人尚稀，风亭月榭，间以红粉笙歌一两队点缀，亦复不恶②。然终不若山空人静，独往会心③。尝秋夜与弱生坐钓鱼矶，昏黑无往来，时闻风铎④，及佛灯隐现林杪⑤而已。

　　又今年春中，与无际偕僧访仲和于此，夜半月出无人，相与跌坐⑥石台，不复饮酒，亦不复谈，以静意对之，觉悠然欲与清景俱往也。

　　生平过虎丘，才两度见虎丘本色耳。游人徐声远诗云："独有岁寒好，偏宜夜半游。"真知言哉！

## 【注释】

①士女：泛指人民百姓。

②恶（è）：坏，不好。

③会心：领会，领悟。

④铎（duó）：屋檐下的小铃。

⑤杪（miǎo）：树梢。

⑥跌（fū）坐：佛教徒盘腿打坐。

## 【赏析】

　　李流芳平生喜好游玩山水，也长于游记，在描摹山水佳处，融入自己的心情感受及人生态度。李流芳的人生理想是过一种完美的隐居生活，不为世情俗事所困扰。这种理想追求在本文中有所表现。作者游虎丘，首先说虎丘中秋游览之盛况，人声鼎沸，山壑酒场，十分可厌。接着写自己提前夜游虎丘，游人稀少，虽有红粉笙歌点缀，并不厌恶。而作者最喜夜半无人时出游虎丘，所谓"独往会心""静意对之"，觉得与大自然融为一体。这种夜半独往作者说是见虎丘本色，实则体现了自我的志趣追求。本文虽短，然层层递进，由反面入手，逐渐深入，最后借助友人之言含蓄说明自身意图。而文中描摹游览行状，虽寥寥数笔，却生动传神，读来令人身临其境。

## 【诵读链接】

　　虎丘，原名海涌山，位于苏州城西北郊。相传吴王阖闾葬于此，葬后三日，有"白虎蹲其上"，故名虎丘。虎丘山高三十多米，却林岩沟壑，气象万千，登览眺望，苏州老城在目。虎丘名胜古迹众多，其中最为著名的是云岩寺塔和剑池。云岩寺塔矗立山头，古朴雄奇，成了古老苏州的象征；而剑池则神秘幽秀，深不可测。虎丘还是苏州重要的民间集会场所，各种花会节会，热闹非凡。虎丘融山水建筑奇观与深厚的历史文化意义于一身，是自然景观与人文资源的完美结合，是苏州标志性的旅游胜迹。苏轼云："到苏州不游虎丘，乃憾事也！"

# 再游乌龙潭记

## 谭元春

谭元春（1586~1637年），字友夏，号鹄湾，别号蓑翁，湖广竟陵（今湖北省天门市）人。

天启七年（1627年）乡试第一中举。崇祯十年（1637年），赴京应试，病逝途中旅社。谭元春与同乡人钟惺评选唐人诗作《唐诗归》，又评选隋以前诗作《古诗归》，重视性灵，反对摹古，提倡幽深孤峭的风格，影响极大，开创"竟陵派"。谭元春喜游历山水，在南岳衡山游历时，为其秀丽景色所打动，将自己诗集取名《岳归堂集》。另有《鹄湾集》等。

潭宜澄，林映潭者宜静，筏宜稳。亭阁宜朗，七夕宜星河，七夕之客宜幽适无累。然造物者岂以予为此拘拘①者乎？

茅子越中人，家童善篙楫。至中流，风妒之，不得至荷荡，旋②近钓矶，系筏垂柳下。雨霏霏湿幔③，犹无上岸意。已而雨注下，客七人，姬六人，各持盖立幔中，湿透衣表。风雨一时至，潭不能主。姬惶恐求上，罗袜无所惜。客乃移席新轩，坐未定，雨飞自林端，盘旋不去，声落水上，不尽入潭，而如与潭击。霄忽震，姬人皆掩耳，欲匿至深处。电与雷相后先，电尤奇幻，光煜煜④，入水中，深入丈尺，而吸其波光，以上于雨，作金银珠贝影，良久乃已。潭龙窟宅之内，危疑未释。

是时风物倏忽，耳不及于谈笑，视不及于阴森，咫尺相乱。而客之有致者，反以为极畅。乃张灯行酒，稍敌风雨雷电之气。忽一姬昏黑来赴，始知苍茫历乱，已尽为潭所有，亦或即为潭所生；而问之女郎来路，曰："不尽然。"不亦异乎？

招客者为洞庭吴子凝甫，而冒子伯麟、许子无念、宋子献孺、洪子仲伟，及予与止生为六客，合凝甫而七。

## 【注释】

①拘拘：拘泥不伸的样子。
②旋：一会儿，指时间短。
③幔（màn）：帐幕，帷幕。
④煜煜（yù yù）：明亮的样子。

## 【赏析】

崇祯年间，谭元春在南京、苏州、杭州江南一带活动，与"复社"名流茅元仪、宋献孺等往来唱和，并写下《游乌龙潭》等风格秀雅的游记名篇。三篇《游乌龙潭记》（初游、再游、三游）描绘了乌龙潭的特异景色。本文是其中第二篇，写七夕再游乌龙潭。游记先说游潭潭水宜清、潭中宜静、亭台宜敞亮、夜晚有星河，客人宜雅适的常人认为的这种理想状态。实际上大自然并非如此一成不变。"然造物者岂以予为此拘拘者乎？"一语转折，开启下文，作者要描写的就是不一样的游览经历，即大雨中游乌龙潭。狂风暴雨，潭水涌动，电闪雷鸣，昏暗阴森。游潭歌女惊慌失措，一片迷乱；而有的游客反而认为这样游玩更显得畅快。最后以一位从别处而来的歌女说出，其他地方并非如此，更突出了乌龙潭这场暴风雨的奇异。谭元春的游记受郦道元影响，语言表现力甚强，对于乌龙潭暴风雨的描写读来如临其境。而对这种奇异景物的欣赏可见作者不同俗流的审美情趣。

## 【诵读链接】

乌龙潭位于南京市鼓楼区清凉山东南方，北门面广州路，西门在虎踞路，现为免费开放市民公园。三国时，乌龙潭是运渎与潮沟的交汇入江处，名清水大塘。晋代传说潭中有四处泉眼，某年六月十九，出现四条乌龙，它们围绕泉眼戏水，以后每年都会准时出现。因此，潭得名乌龙潭。后泉眼不见，乌龙也不再出现。乌龙潭风景优美，两岸亭台楼阁错落有致，花木扶疏，清幽典雅，现有妙香阁、放生庵、肥月亭、武侯祠、曹雪芹塑像等景点。

# 湖心亭小记

## 张　岱

张岱（1597~1689年），又名维城，字宗之，又字石公，号陶庵、天孙，晚号六休居士。浙江山阴（今浙江省绍兴市）人。张岱出身仕宦家庭，早年生活优裕，极爱繁华，喜欢鲜衣美食、花鸟古董等。明亡后，避居山中，穷困潦倒，以著述终老。张岱久居杭州，喜欢游历江南山水，具有广泛的兴趣爱好和审美情趣。他精通茶道，又能弹琴制曲，编导评论戏曲。工于诗词，小品文尤其精妙，被誉为"小品圣手"。有史学著作《石匮书》，文学著作《陶庵梦忆》《西湖梦寻》《琅嬛文集》《夜航船》等。

　　崇祯五年十二月，余在西湖。大雪三日，湖中人鸟声俱绝。

　　是日，更定①矣，余拏②一小舟，拥毳衣③炉火，独往湖心亭看雪。雾凇沆砀④，天与云与山与水，上下一白，湖上影子，惟长堤一痕，湖心亭一点，与余舟一芥，舟中人两三粒而已。

　　到亭上，有两人铺毡对坐，一童子烧酒炉正沸。见余，大惊曰："湖上焉得更有此人！"拉与同饮，余强饮⑤三大白⑥而别。问其姓氏，是金陵人客此。

　　及下船，舟子喃喃曰："莫说相公⑦痴，更有痴似相公者。"

## 【注释】

①更（gēng）定：初更开始后，现在晚上八点左右。定，开始。

②拏（nú）：撑船。

③毳（cuì）衣：毛皮衣服。毳：鸟兽的细毛。

④雾凇沆砀（hàng dàng）：雾凇：寒冷天，雾气冻结而形成的松散冰晶。曾巩《冬夜即事诗》自注："齐寒甚，夜气如雾，凝于水上，旦视如雪，日出飘满阶庭，齐人谓之雾凇。"沆砀：白气弥漫的样子。

⑤强（qiǎng）饮：尽情竭力喝。

⑥大白：大酒杯。白：古人罚酒时用的酒杯，也泛指一般的酒杯。

⑦相公：旧时对人的尊称。

## 【赏析】

本文是张岱名作，出自《陶庵梦忆》。《陶庵梦忆》成书于明亡之后，所写多是琐屑之事，涉及城市览胜、山川景物、风俗人情等各方面，是作者半世生涯的写照。"梦忆"，表明书是对昔日生活的伤悼，对故国的哀思。本文通过追忆一次雪夜乘舟游西湖的经历，描写了雪后西湖清新雅致的景象，寄托了幽深的感伤情怀。文章首先交代了时间、地点及天气状况，大雪三日，更定人静，独自乘舟前往。随后描写湖上雪景，"上下一白"。尤其值得称道的是作者对几个数量词的锤炼运用，"一痕""一点""一芥""两三粒"组合起来，表现出万籁俱寂的阔大渺远境界。来到湖中，不期亭中遇客，三人对酌，道别而去。最后以舟子喃喃语"痴"结尾。

舟子所谓"痴"虽是俗人之见，但从另一方面说，"痴"恰恰是说明了作者怀念故国的高洁情怀以及遗世独立的高雅情趣。本文融叙事、写景、抒情于一体，娓娓道来，情致深长，毫无雕琢之感，却是一件精美的文学艺术作品。

## 【诵读链接】

西湖，位于浙江省杭州市的西面，是中国首批国家重点风景名胜区，也是《世界遗产名录》中中国唯一的一个湖泊类文化遗产。西湖三面环山，面积约 6.39 平方千米，绕湖一周近 15 千米。湖中被孤山、白堤、苏堤、杨公堤分割，有外西湖、西里湖、北里湖、小南湖及岳湖五片水面。孤山位于西湖旁边，是西湖中最大的岛。夕阳山的雷峰塔与宝石山的保俶塔隔湖映照。小瀛洲、湖心亭、阮公墩三个小岛鼎立于外湖湖心，而湖心亭处整个西湖的中央。这就形成了"一山、二塔、三岛、三堤、五湖"的基本格局。

西湖以其秀美的湖光山色以及深厚的人文底蕴，吸引了无数文人墨客的眷顾，他们为西湖留下了许多著名的文学篇章。

# 采石矶

## 吴伟业

　　吴伟业（1609~1672年），字骏公，号梅村，别署鹿樵生、灌隐主人、大云道人，江南太仓（今江苏省苏州市太仓市）人。明崇祯四年（1631年）进士，会试第一，殿试第二，授翰林院编修。南明弘光时，授少詹事，自请辞退。入清后，主持文社，曾在苏州虎丘主持数十郡名士大会，文名更重。清顺治十年（1653年），被迫推荐入朝，官至国子监祭酒。顺治十三年年底，以嗣母丧请假归来，后不再出仕。

　　吴伟业是明末清初著名诗人，与钱谦益、龚鼎孳并称"江左三大家"。吴伟业长于歌行，他将李商隐的浓丽笔法融合于"元白"的善于铺排叙事艺术之中，创作了大量长篇叙事诗。他以工丽的语言、多变的章法，熔铸易代的感伤，创写新的题材，取得了巨大的艺术成就，世称"梅村体"。有《梅村集》《春秋地理志》等。

　　　　　石壁千寻①险，江流一矢争。
　　　　　曾闻飞将上，落日吊②开平③。

## 【注释】

　　①寻：长度单位，八尺或七尺为一寻。千寻：形容石壁的高险。
　　②吊：凭吊。
　　③开平：指明朝开国名将常遇春。常遇春官至中书平章军国重事，兼太子少保，封鄂国公。洪武二年（1369年），北伐中原，暴卒军中，追封开平王，谥号忠武。

## 【赏析】

　　这是歌颂凭吊明初名将常遇春攻克采石矶的一首小诗。元至正十五年（1355年），朱元璋率兵攻打采石矶。船到牛渚矶前，因矶岸高险，元兵坚守，不能登岸。关键时刻，常遇春飞舸赶到，朱元璋命常行动。常遇春挺戈跃上矶岸，元守兵披靡，于是攻下采石矶。诗首先写出了矶石的险要，两军争夺矶头。"飞将"写出了常遇春的速度快，一个"上"字突出了常的勇猛迅捷。最后诗人在落日大江的背景下凭吊这位名将，表达了诗人的追慕哀悼之情。

## 【诵读链接】

采石矶，又名牛渚矶，位于安徽省马鞍山市西南五千米处长江的东岸。南为芜湖，北接南京。朱元璋攻打采石矶前说："取金陵必自采石始。采石南北喉襟，得采石，然后金陵可图也。"（见《续资治通鉴》卷二百一十二）采石矶是国家重点风景名胜区，与南京燕子矶、岳阳城陵矶并称"长江三大名矶"。采石矶峭壁千寻，突兀江流，名胜古迹众多，有"千古一秀"的美誉。古往今来，采石矶吸引众多文人名士题诗咏唱，特别是李白在此饮酒赋诗，为其留下许多诗篇。

# 贺新郎·五人之墓，再用前韵

## 陈维崧

陈维崧（1625~1682 年），字其年，号迦陵，江苏宜兴人。陈维崧幼时便有文名，十七岁应童子试，得第一。明亡后，科举不第。清康熙十八年（1679 年），举博学鸿词科，授官翰林院检讨，修明史，在官四年，病卒。陈维崧是清初词坛重要作家，"阳羡词派"领袖，诗词作品极多，题材广泛。他的词作曾与朱彝尊词合刊，名《朱陈村词》。有《湖海楼全集》等。

古碣①穿云罅②。记当日、黄门③诏狱④，群贤就鲊⑤。激起金阊十万户，白棓⑥霜戈⑦激射。风雨骤、冷光高下。慷慨吴儿偏嗜义，便提烹、谈笑何曾怕？抉吾目，胥门挂⑧。

铜仙⑨有泪如铅泄。怅千秋、唐陵汉隧⑩，荒寒难画。此处丰碑长屹立，苔绣坟前羊马。敢轻易、霆轰雷打？多少道旁卿与相，对屠沽⑪、不愧谁人者！野香发，暗狼藉⑫。

**【注释】**

①古碣（jié）：五人墓碑石。

②罅（xià）：缝隙。

③黄门：称太监。

④诏狱：古称奉天子诏命关押犯人的牢狱。

⑤鲊（zhǎ）：刘熙《释名》："鲊滓也，以盐米酿之加菹，熟而食之也。"

⑥白棓（bàng）：白棒。

⑦霜戈：戈锋利而显白光。

⑧抉吾目，胥门挂：《史记·伍子胥列传》载，吴王夫差赐伍子胥死，伍子胥告知家人，挖出他的眼睛挂在东门之上，看越国人攻来灭吴国。这里借用此事，谓五人即使断头挖眼，也要看到凶逆的下场。

⑨铜仙：金铜仙人。指汉武帝时所作以手掌举盘承露的仙人。唐李贺《金铜仙人辞汉歌序》："魏明帝青龙元年八月，诏宫官牵车西取汉孝武捧露盘仙人，欲立置前殿。宫官既拆盘，仙人临载，乃潸然泪下。唐诸王孙李长吉遂作《金铜仙人辞汉歌》。"

⑩隧：墓道。

⑪屠沽：屠夫与卖酒者，指出身寒微的人。

⑫狼藉：草纵横丰茂。

**【赏析】**

这是一首歌颂词作。词人歌颂了敢于反抗东厂特务的苏州普通市民（详见【诵读链接】）。他们不畏强暴，慨然赴义。词作开篇即写五人的墓碑高耸入云，象征着五人精神的崇高，定下全篇基调。接着词的上片追写当年与强敌斗争的情形，后用伍子胥事喻斗争虽败、然死而不屈的英雄意志。词的下片歌颂五人死后的丰碑。全篇通过一组组对比形象，如黄门与吴儿、荒烟难画的唐陵汉燧与野香丛发的屹立高墓、卿相与屠沽等，烘托出五人的不朽形象。词作苍莽有力，字里行间充满凛凛正义。

**【诵读链接】**

明天启六年（1626 年），宦官魏忠贤矫诏要逮捕东林党人周顺昌。十八日，苏州市民听说周顺昌被押入囚车，倾城赶去送行，为周顺昌诉冤。文震孟向巡抚毛一鹭进言："何不据实向上报告？"毛一鹭随便应付，并不作为。这时东厂特务将锁链扔在地上，说："东厂抓人，你们小民敢违抗。"苏州市民原以为是皇帝命令，现在知是东厂意图，就更加愤怒，他们蜂拥进官府，击杀旗尉，并在胥门外焚毁东厂官船。事后官府捕人，市民颜佩韦、杨念如、马杰、沈扬、周文元五人挺身而出，英勇就义。苏州市民将五人合葬于虎丘山塘，称"五人之墓"。清康熙十三年（1674年）夏，作者创作此词。张溥（1602~1641年）有《五人墓碑记》，也是名文，可参看。"五人之墓"故迹犹存，现为江苏省文物保护单位。

# 泰安道中晓雾

## 朱彝尊

朱彝尊（1629~1709年），字锡鬯，号竹垞，又号醧舫，晚号小长芦钓鱼师，又号金风亭长。浙江秀水（今属浙江嘉兴）人。清康熙十八年（1679年），举博学鸿词科，以布衣身份授翰林院检讨，参与纂修《明史》。二十二年，入值南书房，二十九年，告老还乡。康熙南巡，屡次在无锡接驾，呈进所著书籍。

朱彝尊博通经史，在诗、文、词创作方面取得了重大成就。他的诗与王士禛称"南北两大宗"；词作清丽，是"浙西词派"创始人，与陈维崧并称，所辑《词综》是清代重要的词学选本；家富藏书，为清初著名藏书家之一。有《曝书亭集》《曝书亭词》《日下旧闻》《经义考》等；选本有《明诗综》《词综》等。

苦雾滴成雨，平林翳①作峰。
不知岩际寺，恰送马头钟②。
汶水③已争渡，泰山犹未逢。
忽惊初日跃，远近碧芙蓉④。

## 【注释】

①翳（yì）：遮盖。
②马头钟：从马头前方传来的寺庙钟声。
③汶水：今大汶水，又称"大汶河"，发源于山东省莱芜市北，流经泰安东。又晋郭缘生《述征记》："泰山郡水皆名曰汶。汶凡有五：北汶、嬴汶、牟汶、柴汶、浯汶，

皆源别而流同。"

④芙蓉：荷花。碧芙蓉：比喻苍翠的山峰。

## 【赏析】

朱彝尊诗歌以学博、才藻著称。他的诗歌以仕清分为前后期。前期诗歌尊唐诗宗杜甫。这是他前期的一首游览诗歌，诗歌写迷茫晓雾中登游泰山的情景。由于雾浓遮蔽，平林当作峰峦。只听见马头前面寺庙里的钟声，却不知道寺庙在哪里。汶水已经走过，还是不见泰山的真面目。突然，旭日高升，远近景色豁然开朗，苍翠的山峰瞬间尽入眼帘。诗歌描写真切，读来如临其境，转折之间，令人惊叹叫绝。

# 金缕曲·赠梁汾

## 纳兰性德

纳兰性德（1655~1685年），叶赫那拉氏，字容若，号楞伽山人，大学士明珠长子。原名成德，避讳太子保成，改名性德。满洲正黄旗人。清康熙十五年（1676年）进士，官一等侍卫，随康熙出巡南北。纳兰性德工文章，善骑射，词作尤被称道。他的词委婉传情，凄恻动人，也有慷慨雄浑之作，王国维赞谓"北宋以来，一人而已"。著有《通志堂集》等。

德也狂生耳！偶然间，缁尘京国①，乌衣门第②。有酒惟浇赵州土③，谁会成生④此意。不信道、遂成知己。青眼⑤高歌俱未老，向尊前、拭尽英雄泪。君不见，月如水。

共君此夜须沉醉。且由他、蛾眉谣诼⑥，古今同忌。身世悠悠何足问，冷笑置之而已。寻思起、从头翻悔。一日心期⑦千劫⑧在，后身缘⑨、恐结他生里。然诺重⑩，君须记。

## 【注释】

①缁（zī）：黑色。缁尘指尘土染黑了衣服。陆机《为顾彦先赠妇》："京洛多风尘，素衣化成缁。"

②乌衣门第：乌衣巷，在南京市秦淮区秦淮河上文德桥旁的两岸，是晋代王、谢两家豪门大族的宅第，世称乌衣门第。纳兰性德家也是满族贵族。

③赵州土：古代赵国多慷慨悲歌之士。李贺《浩歌》："买丝修成平原君，有酒惟浇赵州土。"

④成生：纳兰性德原名纳兰成德，故自称成生。

⑤青眼：《晋书·阮籍传》："籍能为青白眼，见礼俗之士，以白眼对之。"嵇康"赍酒挟琴造焉，籍大悦，乃见青眼"。

⑥蛾眉谣诼：纳兰性德与文人名士交游，有人说纳兰高门贵胄，与文人交，未必是真喜欢风雅。《离骚》："众女嫉余之蛾眉兮，谣诼谓余以善淫。"

⑦心期：心相期许。

⑧千劫：千万年而仍在。

⑨后身缘：他生再世的因缘。

⑩然诺重：意思是说话算话，决不食言。

## 【赏析】

这是纳兰性德初识顾贞观时的酬赠之作。词人向朋友表明心迹，以消除二人之间门第等级的隔阂。词人起笔就说自己也是个狂放不羁的人，混迹于京城，只不过偶然间出身在高贵的门第。这就希望顾贞观与他交游时，不要以平常的贵公子来看待他。词人接着用平原君广结贤士的故事，表明自己也愿意像平原君一样善待天下贤德才人。随后笔锋一转，说想不到今天遇到这样的知己，"不信"与"竟"连用，得遇知己的喜悦之情溢于言表。对于二人交往，有人谣言顾贞观攀附豪门，纳兰性德附庸风雅，词人说不用管这些蛾眉谣诼，冷笑置之。词作最后发出誓言，"一日心期千劫在"，并且一诺千金。整首词作，磊落风行，情真意切，读此词可感纳兰性德交友体谅他人，重情重义。

## 【诵读链接】

纳兰性德喜结交文人雅士，特别是一些被世俗所认为落落难合者，如严绳孙、顾贞观、秦松龄等人，都青眼有加，重情重义。而对一些坎坷失职之人，奔走京城，生馆死殡，不计惜钱财。其中最为人称道的是他救助苏州吴兆骞之事。吴兆骞（1631~1684年）清初诗人。清顺治十四年（1657年），遭受科场案连累，被流放宁古塔。顾贞观以词代书，作《金缕曲》恳求纳兰性德，后经过纳兰性德父亲明珠营救，在流放二十三年后得以赎回，归来三年后死。纳兰性德为他料理后事，出资送灵柩回到苏州吴江。

　　宁古塔是古地名，古城原在今黑龙江省牡丹江市海林市长汀镇古城村附近，是清政府的国防重镇，也是向朝廷提供八旗兵源和戍边部队输送物资的重要根据地。此地荒寒，从顺治年间开始，成了清廷流放犯人的接收地。现有旧城遗址。


# 太白墓

## 黄景仁

　　黄景仁（1749~1783年），字汉镛，一字仲则，号鹿菲子，常州府武进县（今江苏省常州市）人。黄景仁自幼孤贫，乾隆二十九年（1764年），参加童子试，名列第一，颇受常州府知府潘恂、武进县知县王祖肃的欣赏。黄景仁一生穷困潦倒，为求生计四处奔波，官至县丞。他诗学李白，负有盛名，所作抒发了寂寞不遇、愤诗嫉俗的情怀。著有《两当轩集》等。

　　　　束发①读君诗，今来展②君墓。
　　　　清风江上洒然③来，我欲因之寄微慕。
　　　　呜呼，有才如君不免死，我固知君死非死。
　　　　长星④落地三千年，此是昆明劫灰⑤耳。
　　　　高冠岌岌⑥佩⑦陆离⑧，纵横击剑胸中奇。
　　　　陶熔屈宋⑨入《大雅》，挥洒日月成瑰词。
　　　　当时有君无著处⑩，即今遗躅⑪犹相思。
　　　　醒时兀兀⑫醉千首，应是鸿濛⑬借君手。
　　　　乾坤无事入怀抱，只有求仙与饮酒。
　　　　一生低首惟宣城⑭，墓门正对青山⑮青。
　　　　风流辉映今犹昔，更有灞桥驴背客⑯。
　　　　此间地下真可观，怪底江山总生色。
　　　　江山终古月明里，醉魄沉沉呼不起。
　　　　锦袍画舫⑰寂无人，隐隐歌声绕江水。
　　　　残膏剩粉⑱洒六合⑲，犹作人间万余子。

与君同时杜拾遗⑳，窆石㉑却在潇湘湄。

我昔南行曾访之，衡云惨惨通九疑㉒。

即论身后归骨地，俨与诗境共分驰。

终嫌此老太愤激，我所师者非公谁？

人生百岁要行乐，一日千杯苦不足。

笑看樵牧㉓语斜阳，死当埋我兹山麓。

## 【注释】

①束发：古时男孩成童，束发为髻，代指成童。

②展：省视。

③洒然：飘逸的样子。

④长星：长庚星，即金星，又名太白星。李白诞生时，他的母亲梦见长庚星，故取名李白，字太白。（见《新唐书·李白传》）长星落地，指李白诞生。

⑤昆明：指昆明池，故址在今陕西省西安市西南斗门镇东南一带的一片洼地。劫灰：劫火余灰。汉武帝曾凿昆明池，得黑灰，问东方朔，东方朔说："可问西域梵人。"后僧人竺法兰来到长安，人们追问他。他说："世界终尽，劫火洞烧，此灰是也。"（见《高僧传·竺法兰》）

⑥岌岌（jí）：高高的样子。

⑦佩：玉佩。

⑧陆离：参差的样子。此句用屈原《离骚》句"高余冠之岌岌兮，长系佩之陆离"的诗意。

⑨屈宋：屈原、宋玉，二人都是战国时著名辞赋家。

⑩无著处：没有容身之地，指李白没受到重用。

⑪遗躅（zhuó）：遗迹。

⑫兀兀：孤高的样子。

⑬鸿濛：自然元气，借言造化。

⑭宣城：指谢朓。谢朓（464~499年），南朝齐著名山水诗人，与谢灵运同族，世称"小谢"。建武二年（495年），出任宣城太守。

⑮青山：又名青林山，在今安徽省当涂县。谢朓曾在此山筑室，唐时改名为谢公山。李白死后，原葬于当涂龙山，后宣歙观察使范传正依照李白遗愿于817年迁葬至此。

⑯灞桥驴背客：指贾岛。

⑰锦袍画舫：画舫，雕画绘饰的船。李白曾趁着月色，穿着锦袍与崔宗之乘画舫从

采石泛舟至南京。(见《新唐书·李白传》)

⑱残膏剩粉：剩余的脂膏和金粉。

⑲六合：天地四方。

⑳杜拾遗：指唐代著名诗人杜甫。至德二年（757年）四月，杜甫冒险逃出长安来到凤翔（今陕西省宝鸡市）投奔唐肃宗，被授为左拾遗，故世称"杜拾遗"。

㉑窆（biǎn）石：用以吊引棺木的石头，这里借指坟墓。

㉒九疑：山名，在湖南省宁远县南。

㉓樵牧：樵夫和牧童。

## 【赏析】

黄景仁诗学李白，对李白十分推崇敬仰。清乾隆三十六年（1771年），诗人游览安徽，到太平，拜访安徽学政朱筠，在朱筠的幕中校勘文章。在这一时期，诗人游览了李白曾经的游历之地，特地凭吊了李白墓，写下了这首著名诗作。诗歌表达了诗人对李白无比钦佩之情，说李白由于其伟大的诗歌成就以及人格魅力，虽死犹生，"我固知君死非死"。李白生前不受重用，死后的遗迹却让人想念不已。李白诗篇熔铸屈宋、《大雅》，与日月争辉；李白的志行高洁特立，潇洒自如。诗歌又通过与同为唐代伟大诗人的杜甫墓葬相比，突出李白葬地为诗意之境。最后诗人表达自己死后也要葬在此山麓，陪伴李白，进一步表达了对李白的敬仰。整首诗热情奔放，逼肖李白诗风。

## 【诵读链接】

当涂县，地处安徽省东部，长江下游东岸，隶属于安徽省马鞍山市。秦代设为丹阳县，隋开皇九年（589年）定名当涂。县城历史上曾为宋代太平州、明清太平府、清代长江水师、安徽学政署所在地。当涂有众多历史文化遗迹，著名的有谢公祠和李白墓园。李白墓园是全国重点文物保护单位。墓园分前、中、后三个景区，有牌坊、太白碑林、眺青阁、太白祠、李白墓、十咏亭、青莲书院、盆景园等景点，太白碑林和李白墓冢两个景点为景区核心景点。当涂还享有"民歌之海"的美誉，当涂民歌入选国家首批非物质文化遗产保护名录。

# 木兰花慢·江行晚过北固山

## 蒋春霖

　　蒋春霖（1818~1868 年），字鹿潭，江苏江阴人。清道光二十八年（1848 年）后曾先后在苏北两淮地区任盐官，署理淮南、东台、富安场盐大使。清咸丰末年，蒋春霖遭罢官，先后住在东台、泰州等地，生活困苦。时值国家内忧外患，清军与太平军交战，列强对中国也是虎视眈眈。战乱频传，加之个人生活潦倒艰辛，蒋春霖忧心如焚。他的词作描绘了这一时期家国飘摇、百姓流离失所的情况，寄托对国家命运的担忧以及个人的悲愤情感。词作婉约悲凉，有"词史"之称。著有《水云楼词》等。

　　　　泊秦淮雨霁，又灯火，送归船。正树拥云昏，星垂野阔，暝色浮天。芦边夜潮骤起，晕波心、月影荡江圆。梦醒谁歌楚些①？泠泠②霜激哀弦。
　　　　婵娟③，不语对愁眠，往事恨难捐④。看莽莽南徐⑤，苍苍北固，如此山川。钩连，更无铁锁。任排空⑥、樯橹自回旋。寂寞鱼龙⑦睡稳，伤心付与愁烟。

## 【注释】

①些：语末助词，无义。
②泠泠（líng líng）：形容声音清脆。
③婵娟：指月亮。
④捐：舍弃，抛弃。
⑤南徐：东晋侨置徐州于京口城，南朝宋改称南徐，即今江苏省镇江市。隋开皇年间废。
⑥排空：凌空，冲向空中。
⑦鱼龙：泛指鳞介水族生物。杜甫《秋兴》："鱼龙寂寞秋江冷，故国平居有所思。"

## 【赏析】

这是一首借景而感慨时事之作，词作于中英鸦片战争清政府失败、《南京条约》签订后。词首先写作者乘舟从条约签订之地南京归来，舟过北固山下所见的景象，"树拥云昏"写岸上的山，"星垂平野"写岸上的平野，"暝色浮天"写江间水天相接，月照江心，江涛拍岸，又有人在唱哀伤的楚歌。上片写眼前景，下片追叙往事，抒发悲愁感慨。"恨往事难捐"，往事是国家屈辱与个人不遇的结合，既有特指又有泛指，特指是清道光二十二年（1864年）英军攻陷镇江，又长驱直入，到达南京，随后与清政府签订了不平等的《南京条约》之事，泛指个人以前的种种不得志。面对江山遭难，朝廷如鱼龙稳睡，难有作为与对策，词人一片哀愁无处诉说，只能付于江上烟霭。这是一首十分悲壮沉痛的词史，作品反映出作者深深的时代关怀和深刻的反省精神，沉郁而悲愤。

## 【诵读链接】

北固山，位于江苏省镇江市，北临长江，三面悬崖，岩石嵯峨，形势十分险固，有"天下第一江山"的美誉。北固山由前峰、中峰和后峰三部分组成，前峰原为东吴古宫殿遗址，现已辟为镇江烈士陵园；中峰上原有气象楼，现改为国画馆；后峰为北固山临江主峰。后峰景色最佳，树木繁茂，三国时"刘备招亲"的故事就发生在北固山甘露寺。另有北固楼、多景楼、祭江亭、很石、铁塔等众多名胜古迹。北固山地理形势险峻壮丽，历史文化深厚丰富，众多文人墨客或舟过或登临，他们写下了许多著名的诗篇，如唐王湾《次北固山下》、南宋辛弃疾《永遇乐·京口北固亭怀古》等。

# 第五部分　现当代

# 泰山石刻序（节选）

## 老　舍

老舍（1899~1966 年），原名舒庆春，字舍予。因为老舍生于阴历立春，父母为他取名"庆春"，大概含有庆贺春来、前景美好之意。上学后，自己更名为舒舍予，含有"舍弃自我"，亦即"忘我"的意思。北京满族正红旗人。中国现代小说家、作家，语言大师，新中国第一位获得"人民艺术家"称号的作家。一刍忘我地工作，是文艺界当之无愧的"劳动模范"。"文革"中含冤自沉于北京太平湖。代表作有《骆驼祥子》《四世同堂》，剧本《茶馆》等。

　　每逢看见国画的山水，不由的我就要问：为什么那小桥上，流水旁，秋柳下，与茅屋中，总是那一二宽衣博带，悠悠自得的老头儿呢？难道山间水畔，除了那爱看云石的老翁，就没有别的居民？除了寻诗踏雪的风趣，就没有别种生活吗？

　　从历史中的事实，与艺术家的心理，我得到一些答案：原来世上的名山大川都是给三种人预备着的。头一种是帝王，自居龙种非凡，所以不但把人民踩在脚底下，也得把山川放在口袋里；正是上应天意，下压群伦，好不威严伟大。因此，他过山封山，遇水修庙；山川既领旨谢恩，自然是富有四海，春满乾坤了。第二种是权臣富豪，不管有无息隐林泉之意，反正得占据一片山，或是一湖水，修些亭园，既富且雅；偶尔到山中走走，前呼后拥，威风也是镇住了山灵水神。第三种是文人墨客，或会画几笔画，或会作些诗文，也都须去看看名山大川。他们用绘画或诗文谀赞山川之美，一面是要表示自家已探得大自然的秘密，亦是天才，颇了不起；另一方面是要鼓吹太平，山河无恙；贵族与富豪既喜囊括江山，文人们怎可不知此中消息？桥头溪畔那一二老翁正是诗人画家自己的写照，夫子自道也。

于是山川成为私有，艺术也就成了一种玩艺儿。山间并非没有苦人，溪上正多饿汉，不过是有杀风景，只好闭目无睹；甚至视而不见，免得太欠调谐，难以为情。艺术总得潇洒出尘，或堂皇富丽；民间疾苦，本是天意如斯，死了不过活该而已。

直至今天，这现象依然存在，虽然革命历有所年，而艺术颇想普罗。宫殿之美，亭园之胜，所以粉饰太平；春光秋色，纳纳诗文，所以广播风雅；开山导水，修庙建碑，所以提高文化。富贵者有命，风雅者多趣，以言平民，则肚子饿了顶好紧紧腰带，别无办法。及至日寇逞蛮，烧山毁市，犬马古玩与古书名画，颇有车船可运；把孩子掷在路上与河中者，则仍是平民。虽在困难期间，仍有闲情逸致，大人先生，由来久矣。

## 【赏析】

该序 1938 年 1 月 15 日写于武昌，虽是一篇序，但用的是京味儿白话，好读，不弯不绕。所选片段见出老舍式的批判，不板脸，不拿腔，幽默和庄重结合在一起，造成了一种特有的讽刺效果。老舍这篇序坦坦荡荡，有机锋，有意趣，又讲得透深含的道理，着实是一篇好文章。老舍说到原来世上的名山大川是为三种人准备的，不可谓不到位，其中读来，字字戳中中国文化的内里和要害，值得深思和玩味。

## 【诵读链接】

泰山古称"岱宗"，位于山东省中部、泰安市境内，面积 426 平方千米，主峰玉皇顶海拔 1545 米。泰山经历了漫长而复杂的地质演变过程，形成了泰山独特的地质景观。其地势差异显著，地形起伏大，地貌分界明显，造就了泰山拔地通天的雄伟山姿，形成了多种多样的侵蚀地貌和众多奇特的自然景观，被誉为"五岳独尊，雄镇天下"。泰山是中华独一无二的文化大山。2500 多年前，孔子"登泰山而小天下"。泰山的雄浑与博大，吸引了历代文人名士纷至沓来，观光揽胜，吟诗作赋，留下大量传世佳作，成为中华民族文化宝库的重要组成部分。泰山还是一座石刻艺术宝库，1800 多处石刻，小可盈寸，大可广亩，成为登山途中的一道绚丽的风景线。泰山石刻集历代书法精品之大成，2000 余年延续不断，为天下名山所仅见。

# 天山行色（节选）

## 汪曾祺

汪曾祺（1920~1997年），江苏高邮人，中国当代作家、散文家、戏剧家，京派作家的代表人物。1939年夏，从上海经香港、越南到昆明，以第一志愿考入西南联大中国文学系。1950年，任北京市文联主办的《北京文艺》编辑。汪曾祺在短篇小说及散文创作上颇有成就，对戏剧与民间文艺也有深入钻研。作品有《受戒》《晚饭花集》《逝水》《晚翠文谈》等，被誉为"抒情的人道主义者，中国最后一个纯粹的文人，中国最后一个士大夫"。

　　乌鲁木齐人交口称道赛里木湖、果子沟。他们说赛里木湖水很蓝；果子沟要是春天去，满山都是野苹果花。我们从乌鲁木齐往伊犁，一路上就期待着看看这两个地方。

　　车出芦草沟，迎面的天色沉了下来，前面已经在下雨。到赛里木湖，雨下得正大。

　　赛里木湖的水不是蓝的呀。我们看到的湖水是铁灰色的。风雨交加，湖里浪很大。灰黑色的巨浪，一浪接着一浪，扑面涌来。撞碎在岸边，溅起白沫。这不像是湖，像是海。荒凉的，没有人迹的，冷酷的海。没有船，没有飞鸟。赛里木湖使人觉得很神秘，甚至恐怖。赛里木湖是超人性的。它没有人的气息。

　　湖边很冷，不可久留。

　　林则徐一八四二年（距今整一百四十年）十一月五日，曾过赛里木湖。林则徐日记云："土人云：海中有神物如青羊，不可见，见则雨雹。其水亦不可饮，饮则手足疲软，谅是雪水性寒故耳。"林则徐是了解赛里木湖的性格的。

　　到伊犁，和伊犁的同志谈起我们见到的赛里木湖，他们都有些惊讶，说："真还很少有人在大风雨中过赛里木湖。"

　　赛里木湖正南，即果子沟。车到果子沟，雨停了。我们来的不是时候，没有看到满山密雪一样的林檎的繁花，但是果子沟给我留下一个非常美的印象。

吉普车在山顶的公路上慢行着，公路一侧的下面是重重复复的山头和深浅不一的山谷。山和谷都是绿的，但绿得不一样。浅黄的、浅绿的、深绿的。每一个山头和山谷多是一种绿法。大抵越是低处，颜色越浅；越往上，越深。新雨初晴，日色斜照，细草丰茸，光泽柔和，在深深浅浅的绿山绿谷中，星星点点地散牧着白羊、黄犊、枣红的马，十分悠闲安静。迎面陡峭的高山上，密密地矗立着高大的云杉。一缕一缕白云从黑色的云杉间飞出。这是一个仙境。我到过很多地方，从来没有觉得什么地方是仙境。到了这儿，我蓦然想起这两个字。我觉得这里该出现一个小小的仙女，穿着雪白的纱衣，披散着头发，手里拿一根细长的牧羊杖，赤着脚，唱着歌，歌声悠远，回绕在山谷之间……

从伊犁返回乌鲁木齐，重过果子沟。果子沟不是来时那样了。草、树、山，都有点发干，没有了那点灵气。我不复再觉得这是一个仙境了。旅游，也要碰运气。我们在大风雨中过赛里木湖，雨后看果子沟，皆可遇而不可求。

汽车转过一个山头，一车的人都叫了起来："哈！"赛里木湖，真蓝！好像赛里木湖故意设置了一个山头，挡住人的视线。绕过这个山头，它就像从天上掉下来的似的，突然出现了。

真蓝！下车待了一会，我心里一直惊呼着：真蓝！

我见过不少蓝色的水。"春水碧于蓝"的西湖，"比似春莼碧不殊"的嘉陵江，还有最近看过的博格达雪山下的天池，都不似赛里木湖这样的蓝。蓝得奇怪，蓝得不近情理。蓝得就像绘画颜料里的普鲁士蓝，而且是没有化开的。湖面无风，水纹细如鱼鳞。天容云影，倒映其中，发宝石光。湖色略有深浅，然而一望皆蓝。

上了车，车沿湖岸走了二十分钟，我心里一直重复着这一句：真蓝。远看，像一湖纯蓝墨水。

赛里木湖究竟美不美？我简直说不上来。我只是觉得：真蓝。我顾不上有别的感觉，只有一个感觉——蓝。

为什么会这样蓝？有人说是因为水太深。据说赛里木湖水深至九十公尺。赛里木湖海拔二千零七十三米，水深九十公尺，真是不可思议。

　　"赛里木"是突厥语，意思是祝福、平安。突厥的旅人到了这里，都要对着湖水，说一声：

　　"赛里木!"

　　为什么要说一声"赛里木!"是出于欣喜，还是出于敬畏？

　　赛里木湖是神秘的。

## 【赏析】

　　本段节选自汪曾祺的散文《天山行色》，汪曾祺的散文没有结构的苦心经营，也不追求题旨的玄奥深奇，他展现出的是平淡质朴，娓娓道来，如话家常的文风。汪曾祺曾说过："我觉得伤感主义是散文的大敌。我是希望把散文写得平淡一点，自然一点，家常一点的。"因此品读汪曾祺的散文好像聆听一位性情和蔼、见识广博的老者谈话，虽然话语平常，但饶有趣味。汪曾祺的散文写风俗，摹风景，谈文化，忆旧闻，述掌故，寄乡情，花鸟鱼虫，瓜果食物，无所不涉。皆平淡质朴，不事雕琢，缘于他心境的淡泊和对人情世故的达观与超脱，汪曾祺的散文不注重观念的灌输，但发人深思。《天山行色》是他的一篇旅行随记，一路所见所感皆饶有趣味。

## 【诵读链接】

　　赛里木湖古称"净海"，位于新疆博尔塔拉州博乐市境内北天山山脉中，紧邻伊犁州霍城县，湖面海拔 2071 米，东西长 30 千米，南北宽 25 千米，面积 453 平方千米，蓄水量达 210 亿立方米，湖水清澈透底，透明度达 12 米。

　　赛里木湖是新疆海拔最高、面积最大、风光秀丽的高山湖泊，又是大西洋暖湿气流最后眷顾的地方，因此有"大西洋最后一滴眼泪"的说法。

　　赛里木湖原本没有鱼，1998 年从俄罗斯引进高白鲑、凹目白鲑等冷水鱼养殖，2000年首次捕捞成品鱼，结束了赛里木湖不产鱼的历史，经过十多年的发展，已成为新疆重要的冷水鱼生产基地。

　　赛里木湖景区共划分为环湖风光游览区域、草原游牧风情区域、生态景观保育区、天鹅及其他珍稀鸟类栖息地保护区、旅游综合服务区、原生态环境保持区六个功能区。确定了赛里木湖中央核心部位水体、西海天鹅湿地草甸水体栖息地、查干郭勒冰雪生态探险景区三块特级保护区。

# 十四行诗之五

## 冯 至

冯至（1905~1993年），原名冯承植，直隶涿州人。冯家为天津著名盐商，八国联军侵华后避难于涿州，冯至故生于涿州。曾就读于北京四中。

1923年加入文学团体浅草社。1925年和杨晦、陈翔鹤、陈炜谟等成立沉钟社，1935年获得海德堡大学哲学博士学位。曾任中国社会科学院外国文学研究所所长。曾被鲁迅称为"中国最为杰出的抒情诗人"，冯至一半是诗人，一半是哲人，诗人的浪漫感性与哲人的睿智理性在其诗中完美地融合，从而使其诗歌具有了超凡的艺术魅力。

我永远不会忘记
西方的那座水城，
它是个人世的象征，
千百个寂寞的集体。
一个寂寞是一座岛，
一座座都结成朋友。
当你向我拉一拉手，
便象一座水上的桥；
当你向我笑一笑，
便象是对面岛上
忽然开了一扇楼窗。
等到了夜深静悄，
只看见窗儿关闭，
桥上也敛了人迹。

## 【赏析】

冯至的十四行诗至美、至性、至真、至纯。有着不落世俗的清灵，读来总让人有一种静穆的感觉，其中对生命的思索、站在哲理的角度，有一种超越的视野。这首写威尼斯的十四行诗有一种艺术的节制，内敛有度，不露锋芒，触动着读者内心深处的弦，又表现出了对诗情哲理化的追求，冯至能从敏锐的感觉出发，注重从细节着眼捕捉诗意，在日常的境界里体味出精微的哲理，诗的美感与品位不俗。

## 【诵读链接】

威尼斯（Venice）是意大利东北部著名的旅游城市，堪称世界最浪漫的城市之一。威尼斯有"因水而生，因水而美，因水而兴"的美誉，享有"水城""水上都市""百岛城"等美称。威尼斯市区涵盖亚得里亚海沿岸威尼斯潟湖的118个岛屿和邻近1个半岛，更有117条水道纵横交叉。

我国古城苏州的风情也离不开"水"，可谓"绿浪东西南北水，红栏三百九十桥"。苏州东靠上海，南界浙江，西濒太湖，北临长江，有"东方威尼斯"的美誉，其街巷临河，"人家尽枕河"，水巷错杂，桥梁数百座，连接着具有中国特色的园林200多处。石拱桥、乌篷船、湿漉漉的水雾气息，让苏州显得缠绵而唯美。

# 观龙门山题壁

### 郁达夫

郁达夫（1896—1945年），原名郁文，字达夫，浙江富阳人，中国现代作家、革命烈士。郁达夫是新文学团体"创造社"的发起人之一，一位为抗日救国而殉难的爱国主义作家。先后在上海、武汉、福州等地从事抗日救国宣传活动，其文学代表作有《怀鲁迅》《沉沦》《故都的秋》《春风沉醉的晚上》《迟桂花》等。郁达夫还擅长写旧体诗，其诗风清新、意境深远、耐人寻味，有极高的艺术价值。曾被汪静之誉为："近代诗人无出其右者。"

秋月横江白，渔歌逼岸清。
众星摇不定，一雁去无声。
山远烟波淡，潮来岛屿平。
三更群动息，好梦满重城。

## 【赏析】

这首诗是郁达夫与长兄在巘山石矶头的澄江边，索句唱和，歌咏故乡富春山水的诗歌。远处是横江的秋月，摇荡的群星，如烟的远山，近处是翻涌的江潮，可以听到逼岸的渔歌，渐渐隐去的雁鸣，秋月、江水、群星、远山等景物展示着活泼的生命和神态，诗中有画、诗中有情，具有强烈的艺术感染力。

郁达夫在《谈诗》中说："旧诗的一种意境，就是古人说得很渺茫的所谓'香象渡河，羚羊挂角'无迹可求的那一种弦外之音，司空图的《二十四品》所赞扬的大抵是这一方面，如冲澹、如沉着、如典雅高洁、如含蓄、如疏野清奇，如委曲飘逸、流动之类的神趣。"郁达夫写的旧体诗正是在意境的营造上见功力，他在旧体诗中创造了一个个情景交融的艺术境界。

## 【诵读链接】

龙门山脉位处浙江中西部，东隔诸暨盆地与会稽山脉相望，南临金衢盆地，西南接千里岗山脉，西临天目山脉与白际山脉，是富春江和浦阳江的分水岭，山地作西南—东北走向，组成山体的岩石主要为火山熔岩和火山碎屑岩。龙门山脉自西南而东北绵亘于桐庐、浦江、富阳、诸暨之间，最后没入萧绍平原，成为绍兴与萧山分界的丘陵。

龙门山位于富阳市境内富春江南岸，距杭州市区 50 千米，总面积 24 平方千米。龙门山麓的龙门古镇，是三国东吴大帝孙权后裔的聚居地，90% 以上村民姓孙，定居已逾千年。古镇至今还保留着江南罕见的明、清古建筑群，随着孙氏家族的繁衍而层层扩建的厅堂居住院落，廊房相连，如入迷宫。镇南龙门山高巍迢绕，云岚雾霭，悬崖飞瀑，宛如白练当空。主峰梅杏尖 1067 米，是富阳境内第一高峰。山上林木葱茏，绿水萦风。

# 古墙

## 穆 旦

穆旦（1918~1977 年），诗人、翻译家。原名查良铮，曾用笔名梁真。浙江海宁人。1918 年出生于天津，少年开始写诗。1935 年考入北平清华大学地质系，后改读外文系。

抗日战争爆发后，随学校辗转于长沙、昆明等地，并在香港《大公报》副刊上发表大量诗作，成为有名的青年诗人。1940 年在西南联大毕业后留校任教。后赴美留学，获文学硕士学位。回国后，任南开大学外文系副教授。穆旦于 20 世纪 40 年代出版了《探险者》《穆旦诗集（1939~1945 年）》《旗》三部诗集，将西欧现代主义和中国传统诗歌结合起来，诗风富于象征寓意和心灵思辨，是"九叶诗派"的代表性诗人。

一团灰沙卷起一阵秋风，
奔旋地泻下了剥落的古墙，
一道晚霞斜挂在西天上，
古墙的高处映满了残红。

古墙寂静地弓着残老的腰，
驼着悠久的岁月望着前面。
一只手臂蜿蜒到百里远，
败落地守着暮年的寂寥。

凸凹的砖骨镌着一脸严肃，
默默地俯视着广阔的平原；
古代的楼阁吞满了荒凉，
古墙忍住了低沉的愤怒。

野花碎石死死挤着它的脚跟，
苍老的胸膛扎成了穴洞；
当憔悴的瓦块倾出了悲声，
古墙的脸上看不见泪痕。

暮野里睡了古代的豪杰，
古墙系过他们的战马，
轧轧地驰过他们凯旋的车驾，
欢腾的号鼓荡动了原野。

时光流过了古墙的光荣，

狂风折倒飘扬的大旗，
古代的英雄埋在黄土里，
如一缕浓烟消失在天空。

古墙蜿蜒出刚强的手臂，
曾教多年的风雨吹打；
层层的灰土便渐渐落下，
古墙回忆着，全没有惋惜。

怒号的暴风猛击着它巨大的身躯，
沙石交战出哭泣的声响；
野草由青绿褪到枯黄，
在肃杀的原野里它们战栗。

古墙施出了顽固的抵抗，
暴风冲过它的残阙！
苍老的腰身痛楚地倾斜，
它的颈项用力伸直，瞭望着夕阳。

晚霞在紫色里无声地死亡，
黑暗击杀了最后的光辉，
当一切伏身于残暴和淫威，
矗立在原野的是坚忍的古墙。

## 【赏析】

这首诗原载于北平《文学》杂志 1937 年 1 月诗歌专号。此处版本据李方《穆旦诗全集》本。这首诗是穆旦早期的创作，以拟人化的手法，描摹坚忍的古墙，他饱经历史与沧桑，抵抗大自然的风暴、严霜，然而却绝不伏身于任何自然与时间的威压，用力伸直着躯体，瞭望太阳，褒有荣光。这首诗有着深刻的精神寓意，穆旦在古墙的衰老之躯上寄予了对生命、对人生的思索，有着明显的哲理化意味。早期的穆旦执着于对生命意义和生命状态的思索，诗歌语言充满着富有思辨的想象力，值得反复诵读与玩味。

**【诵读链接】**

　　古墙，存在于古老的城市中，存在于斑驳的历史里，承载着数千年的历史和人文，是城市的景观，也是会说话的建筑，富有厚重的意味。在赣州西津门至东河大桥一段，沿江蜿蜒，是江西现存规模最大的古代城墙。它长 3664 米，墙高 5 米至 7 米，雄伟壮观，气势非凡，给古老的赣州增添了几分英姿。它是北宋嘉祐年间为防洪水用砖石修筑而成，现为全国屈指可数的北宋砖墙之一。除城墙外，还保存有炮城、马面、拜将台等军事设施和数以万计的铭文城砖。这些铭文城砖是研究赣州古城，特别是宋城最珍贵的遗存。

# 雨后的马鞍山

### 郑　敏

　　郑敏（1920~　），福建闽侯人，1943 年毕业于西南联大哲学系。1949 年出版《诗集：1942~1947》，是"九叶"诗派中一位重要女诗人。在冯至的引领下，郑敏与哲学也与里尔克的诗结下一生的情缘。她嗜读里尔克的诗，特别是对里尔克的名作《豹》更是情有独钟。她与里尔克一样，总是从日常事物引发对宇宙与生命的思索，并将其凝定于静态而又灵动的意境里。1960 年后在北京师范大学外语系讲授英美文学至今。

若没有云的否定
哪里有山的苍葱？
几天烟雨、迷雾
消散了。云团、云片
长着长长短短的脚
从马鞍背后爬上来
一步、一团、一片在行走
征服着山的高昂
云过后，山隐消
队伍过后，山
夺回阵地

带着惊人的曲线
显示苍绿的尖峰
重占灰色的天空
否定只织成飘逸
围着长长的白纱
缥缈变幻的裙衫
若没有云的嬉戏
哪里有山的凝聚
苍劲，
翠昂……

## 【赏析】

《雨后的马鞍山》写于沙田，诗人郑敏通过观景时自我的情绪流动，实现了思维和情愫、理智和抽象的多重组合，诗意在现实和象征中自由流动。云、山、尖峰、白纱……每一个画面都仿佛是一幅静物写生，而在雕塑般的意象中凝结着诗人澄明的智慧与静默的哲思。郑敏的诗带着女诗人特有的细腻情思，能够从日常生活中抽离出精妙哲思，给人以陌生化的情感与思想启迪，值得反复诵读与体味。

## 【诵读链接】

马鞍山属于香港十八区的沙田区，是沙田新市镇的扩展部分，是度假不二之处，也是小型的旅行胜地和大型住宅所在地。区内同名山峰马鞍山有两个山峰，较高的俗称马头顶，高702米，它是新界东部最高的山峰，而副峰为牛押山，六百多米高，两峰之间形成一条很长的弧线，形如马鞍，故被称为马鞍山。根据王崇熙新安县志（卷四）亦提及马鞍山名字源由："马鞍山在县东八十里，枕东洋，形如马鞍。"

马鞍山最初是一个小小的村落，居民从事农业、渔业等传统乡村经济活动。近代日本企业来到这里开采磁铁矿，使马鞍山成为工业重镇，鼎盛时期有几千个工人在此居住。但到了20世纪70年代，因为石油危机、新市镇发展等事件，开矿成本大增，加上港英政府决定开发马鞍山为新市镇，矿场也随之在1976年结束。经过政府努力，现在的马鞍山成为屋邨、商场林立的大型住宅区。

# 秦俑（节选）

## ——临潼出土战士陶俑

## 余光中

　　余光中（1928~2017 年），出生于南京，祖籍福建永春。因母亲原籍为江苏武进，故也自称"江南人"。1952 年毕业于台湾大学外文系，1959 年获美国爱荷华大学艺术硕士。先后任教台湾东吴大学、台湾师范大学、台湾大学、台湾政治大学。一生涉猎广泛，从事诗歌、散文、评论、翻译，自称为自己写作的"四度空间"。其诗歌风格多样，因题材而异，表达意志和理想的壮阔铿锵，描写乡愁和爱情的细腻而柔绵。著有诗集《莲的联想》《五陵少年》《白玉·苦瓜》《天狼星》等一余种。其中以《乡愁》最为著名。

> 铠甲未解，双手犹紧紧地握住
> 我看不见的弓箭或长矛
> 如果钲鼓突然间敲起
> 你会立刻转身吗，立刻
> 向两千年前的沙场奔去
> 去加入一行行一列列的同袍？
> 如果你突然睁眼，威武闪动
> 胡髭翘着骁悍与不驯
> 吃惊的观众该如何走避？
> 幸好，你仍是紧闭着双眼，似乎
> 已惯于长年阴间的幽暗
> 乍一下子怎能就曝光？
> 如果你突然开口，浓厚的秦腔
> 又兼古调，谁能够听得清楚？
> 隔了悠悠这时光的河岸
> 不知有汉，更无论后来

你说你的咸阳吗，我呢说我的西安
事变，谁能说得清长安的棋局？
而无论你的箭怎样强劲
再也射不进桃花源了
问今世是何世吗，我不能瞒你
始皇的帝国，车同轨，书同文
威武的黑旗从长城飘扬到交址
只传到二世，便留下了你，战士
留下满坑满谷的陶俑
……

## 【赏析】

这是余光中老先生第一次游兵马俑时，感情迸发，写下的诗篇《秦俑》，不朽的秦俑威武雄壮。2014 年 8 月 5 日余光中再游兵马俑时，依然充满诗人情怀。"多谢让我回到 2000 年前"，"一锄锄找回，一个失踪的帝国"，"我似乎听见始皇在咳嗽"，一切记忆犹新……赳赳大秦，傲视群雄，然而在时间面前，终究成为过往。

余光中的《秦俑》富有穿透千年历史的想象力，以与历史多层次对话的形式，引发我们对一个伟大时代的唏嘘感慨，充满厚重的历史感和动人的哲思。

## 【诵读链接】

秦始皇兵马俑，亦简称秦兵马俑或秦俑，位于今陕西省西安市临潼区秦始皇陵以东 1.5 千米处的兵马俑坑内。

兵马俑是古代墓葬雕塑的一个类别。古代实行人殉，奴隶是奴隶主生前的附属品，奴隶主死后奴隶要作为殉葬品为奴隶主陪葬。兵马俑即用陶土制成兵马（战车、战马、士兵）形状的殉葬品。据《史记》记载：秦始皇陵由丞相李斯依惯例开始主持规划设计，大将章邯监工，修筑时间长达 39 年之久，兵马俑是修筑秦陵的同时制作并埋入随葬坑内。

1974 年 3 月 11 日，兵马俑被发现；秦始皇兵马俑是世界考古史上最伟大的发现之一。1987 年，秦始皇陵及兵马俑坑被联合国教科文组织批准列入《世界遗产名录》，并被誉为"世界第八大奇迹"。先后已有 200 多位国家领导人参观访问，成为中国古代辉煌文明的一张金字名片。

# 金龙禅寺

## 洛　夫

　　洛夫（1928~2018 年），原名莫运端、莫洛夫，衡阳人，诗人、诺贝尔文学奖提名者。1938 年举家从乡下迁居衡阳市石鼓区，就读国民中心小学。1943 年进入成章中学初中部，以野曳笔名在《力报》副刊发表散文。1946 开始新诗创作，以处女诗作《秋风》展露才情。1949 年 7 月去台湾，后毕业于淡江大学英文系。台湾现代诗坛最杰出和最具震撼力的诗人，为中国诗坛超现实主义的代表人物，由于表现手法近乎魔幻，因此被诗坛誉为"诗魔"。

晚钟
是游客下山的小路
羊齿植物
沿着白色的石阶
一路嚼了下去

如果此处降雪
而只见
一只惊起的灰蝉
把山中的灯火
一盏盏地
点燃

## 【赏析】

　　《金龙蝉寺》首句"晚钟"的听觉意象意涵丰富，寂静之际传来阵阵钟声，有静中有动、动静合一的韵致，与唐代诗人常建《题破山寺后禅院》："万籁此俱寂，惟闻钟磬音"同出一辙。是诗与禅的完美结合，诗画质感强，注重美学语言的表达与联想。诗中洛夫十分机智地以"嚼"生动深刻写出自然界的蓬勃生机，不只意象鲜活，同时也传达了万物静观皆自得的体悟。

结尾在诗意上，"蝉"与"禅"谐音相关，正可做为诗句的注脚；禅有如一盏明灯，朗照黑暗的天地，引渡众生的迷津。《金龙禅寺》即透过单纯明朗的意象，体现了中国文化中"物我合一"的境界。

## 【诵读链接】

金龙禅寺始建于明朝。地处龙岩市上杭古田下郭车，此地空气清新，景色怡人，特别是雨后的景色，雾气缭绕、云蒸霞蔚，像是人间仙境。晴朗的天气，仰望金龙禅寺则能寻回一份空灵的感觉。所谓："朝礼金龙寺，礼敬大慈尊。清香奉一柱，功德万古存。"金龙禅寺在历史上曾一度香火鼎盛，建筑群庞大，风格是皇家宫殿式的，工、商、士、农烧香拜佛者络绎不绝，历史上此寺庙僧人最多时达几十位，寺庙道风严谨，僧侣们每天晨钟暮鼓诵经禅坐，修道之风弥盛，因而明代佛教在上杭达到鼎盛，但清后都信奉喇嘛教，汉传佛教则一蹶不振。

# 鹰·雪·牧人

## 昌 耀

昌耀（1936~2000年），原名王昌耀，湖南省桃源县人，诗人，1950年4月参加中国人民解放军，同年响应祖国号召，赴朝鲜参加抗美援朝。其间推出处女作《人桥》，从此与诗歌艺术结下不解之缘。其诗以张扬生命在深重困境中的亢奋见长，融感悟和激情于凝重、壮美的意象之中，将饱经沧桑的情怀、古老开阔的西部人文背景、博大的生命意识融为一体。著有《昌耀抒情诗集》《命运之书》《昌耀的诗》等。

> 鹰，鼓着铅色的风
> 从冰山的峰顶起飞，
> 寒冷
> 自翼鼓上抖落。
> 在灰白的雾霭
> 飞鹰消失，

大草原上裸臂的牧人
横身探出马刀，
品尝了初雪的滋味。

## 【赏析】

《鹰·雪·牧人》写于 1956 年，属于昌耀早期的诗作。昌耀五六十年代的创作是在完全发表无门状态下的秘密写作，这篇诗作十多年后才得以发表；昌耀在这个阶段的作品颇为清新，以对西部景物颇具力度的描摹为主。尽管昌耀生活在西部贫瘠荒漠的土地上，精神和肉体遭受过残酷的戕害，然而，他心灵的天地却显示出一种深邃的丰富性。他用内心所具有的独特的感受方式，把高原之鹰与牧人诗性地展现出来，其意象的提炼与语言的质感，带着西部特有的旷寒与唯美，寥寥几句，却撼人心魄。

## 【诵读链接】

青海高原地处"世界屋脊"青藏高原东北部，是中国最著名的三大江河——黄河、长江和澜沧江的发源地。这里的高山大川间河流密布，湖泊与沼泽众多，是国内海拔最高、湿地面积最大、分布最为集中的地区之一。高原上空气比较干燥、稀薄，太阳辐射比较强，地形复杂多变，降雨比较少。同时高原内部除平原外还有许多山峰，高度悬殊。高原上还有很多冰川、高山湖泊和高山沼泽。

目前，青海高原上包括高原湖泊、河流湿地、沼泽化草甸湿地三种类型在内的天然湿地资源面积达 31345 平方千米，是国内仅次于西藏的第二大湿地资源分布区。由于有大面积湿地，这里的野生动植物资源十分丰富。据了解，分布栖息在青海高原各类湿地中的脊椎动物就有 123 种，其中相当一部分是国家重点保护的珍稀物种。

# 在哈尔盖仰望星空

### 西　川

西川（1963~　），生于江苏徐州，1985 年毕业于北京大学英文系，现执教于北京中央美术学院人文学院。西川自 20 世纪 80 年代起即投身于全国性的青年诗歌运动。他和海子、骆一禾被誉为"北大三诗人"。出版作品有《深浅》《大河拐大弯》等。西川的诗在内容上让平常生活成为陌生与不确定，而又细微地将时代裁剪。他的寓言故事形式及箴言经文的语句又形成了向纯粹古典的回归与审美自主的精神和写作原创的理念。其创作和诗歌理念在当代中国诗歌界影响广泛。

有一种神秘你无法驾驭
你只能充当旁观者的角色
听凭那神秘的力量
从遥远的地方发出信号
射出光来，穿透你的心
像今夜，在哈尔盖
在这个远离城市的荒凉的
地方，在这青藏高原上的
一个蚕豆般大小的火车站旁
我抬起头来眺望星空
这时河汉无声，鸟翼稀薄
青草向群星疯狂地生长
马群忘记了飞翔
风吹着空旷的夜也吹着我
风吹着未来也吹着过去
我成为某个人，某间
点着油灯的陋室
而这陋室冰凉的屋顶
被群星的亿万只脚踩成祭坛
我像一个领取圣餐的孩子
放大了胆子，但屏住呼吸

## 【赏析】

该诗选自人民文学出版社 1999 年 6 月出版的《西川的诗》。《在哈尔盖仰望星空》是西川早期诗中最广为人知的一首，它是写诗人在特定时空下的一种感觉。这种感觉是敬畏的不是亲近的，是神圣的不是日常的。一句话，是天启的，不是"炼意"得来的。深夜，在荒蛮苍茫的中国西部，在一个"蚕豆般大小的火车站旁"，诗人眺望星空。这时他感到语言的困境，那冥冥中的世界浸透他的肌髓，这种不可说透的意蕴缠绕着诗人，节制的诗情反使诗情无限弥散，把"我"放在"我"之外来写，使诗达到一种天地同参的效果。说它无所寄托是指它纯粹的形式感、美感，说它无不寄托则是指它通过对神圣永恒星空的呼应，来暗示现世人生的粗鄙和噪杂。"头顶的星空和内心良知"使诗人敬畏，像康德那样。

## 【诵读链接】

在青海刚察县东部有一个美丽的乡镇叫哈尔盖，占地面积 0.2 万平方千米，人口 0.9 万，以藏族为主。辖公贡麻、亚秀麻、环仓秀麻、果洛藏秀麻、切察、察拉、塘渠七个村（牧）委会。盛夏七月，夕阳西下的时候，在哈尔盖经常能看到日月同辉的神奇景象。这里的气候条件是典型的高原大陆型气候。著名景点有年钦夏格日山、昆仑神祠。

责任编辑：谯　洁
责任印制：冯冬青
封面设计：中文天地

**图书在版编目（ＣＩＰ）数据**

中华经典诵读 / 朱丽等主编 . — 北京 : 中国旅游
出版社 , 2018.6
全国旅游高等院校精品课程系列教材
ISBN 978-7-5032-6034-6

Ⅰ . ①中… Ⅱ . ①朱… Ⅲ . ①中华文化－高等职业教
育－教材 Ⅳ . ① K203

中国版本图书馆 CIP 数据核字（2018）第 118240 号

书　　　名：中华经典诵读

作　　　者：朱丽　李伟主编
出版发行：中国旅游出版社
　　　　　（北京建国门内大街甲9号　邮编：100005）
　　　　　http://www.cttp.net.cn　E-mail:cttp@cnta.gov.cn
　　　　　营销中心电话：010-85166503
排　　　版：北京旅教文化传播有限公司
经　　　销：全国各地新华书店
印　　　刷：北京明恒达印务有限公司
版　　　次：2018年6月第1版　2018年6月第1次印刷
开　　　本：787毫米×1092毫米　1/16
印　　　张：10
字　　　数：193千字
定　　　价：30.00元
ＩＳＢＮ　978-7-5032-6034-6